지적인 현대인을 위한

지식 편의점

인문 ◆ 생각하는 인간 편

인문 ✦ 생각하는 인간 편

지적인 현대인을 위한

지식 편의점

◦—— 이시한 지음 ——◦

흐름출판

일러두기

1. 이 책의 근간을 이루는 고전은 이미 여러 곳에서 번역 출간되었으므로 따로 출판사를 밝히지 않았다. 국내 번역본이 널리 통용되고 있어 원서명을 병기하지 않았다.

2. 이 책은 어디서부터 읽어도 상관은 없으나, 순서대로 읽는 게 지식의 맥락을 파악하는 데 용이하다.

들어가며

환영합니다.

이 책을 보시는 여러분은 지금 막 지식 편의점의 문을 열고 들어왔습니다. 불철주야 문을 닫지 않고 쉽게 원하는 것을 구할 수 있는 곳이 편의점이잖아요? 여기가, 바로 그곳! 지식에 목마른 여러분들이 찾던 현대인을 위한 지식 편의점입니다. 이제부터는 안심하고 여기에 있는 지식을 마음껏 가져가세요. 여러분이 필요한 지식만 쏙쏙 뽑아갈 수 있도록 구성했습니다. 어려운 지식을 쉽고 빠르게 채득할 수 있는 곳, 이곳이 바로 지식 편의점입니다.

이 책은 모든 지식으로부터의 출발지나 다름없습니다. 어려운 책을 가득 사놓고 책꽂이에만 꽂아놓았던 지난날을 위로하며 다음 도착지와 여러분을 이어줄 겁니다. 고전을 읽고 싶지만 배경 지식이 없어 힘들었던 사람, 어디서부터 인문학 책을 읽어야 할지 모르겠는 사람, 어려운 용어만 보면 인상부터 써지는 사람, 지식의 바다에서 방향을 잃고 표류하고 있는 사람, 그리고 지식을 필요로 하고 있는 우리 모두를 위해 쓰여졌습니다.

이 책은 세 단계의 레벨로 구성됩니다. 레벨 1에서는 우리가 서 있는 사회에 질문을 던져보려 합니다. 레벨 2에서는 던진 질문을 탐구해보고 비로소 레벨 3 생각하는 인간이 되고자 하는 게 이 책이 향하고 있는 목적지입니다. 다양한 지식을 전달하지만 그 지식들을 관통하는 거시적인 흐름을 꿰뚫어, 가볍지도 무겁지도 않게 재미와 인사이트를 전하는 책. 이것이 제가 생각하는 이 책의 효용입니다.

버스에서 내려 집으로 향하다 딱히 살 게 없어도 한 번쯤 가볍게 들러보는 편의점처럼 문턱 낮고, 유용하고 그리고 재미있는 책으로 읽혀지기를 바랍니다.

현대인이 완독하는 그날까지, 지식 편의점! 이제 시작합니다.

— 이시한

생각하는 인간이 되기 위한
지식 여행의 대장정!

어렸을 적에 지하철 3호선 안국역에 위치해 있는 라파엘의 집
으로 봉사 활동을 다녔어요. 봉사 활동이 끝나면 종로로 나가기
위해서 지하철 1호선으로 갈아타곤 했는데요. 그러던 어느 날
시설에 계신 선생님이 편의점에서 뭘 좀 사오라며 길을 알려주
셨어요. 그런데 이게 웬일인가요. 선생님이 알려준 대로 걸어 가
보니 바로 종로가 나오는 게 아닙니까! 제가 알던 라파엘의 집
과 종로는 따로따로 존재했지만, 두 지형이 이어져 있는 곳이라
는 것을 알고 큰 충격을 받았던 기억이 납니다. 도대체 그동안
왜 지하철을 갈아타고 어렵게 종로를 찾아간 것이었을까 하고
말이죠.

많은 지식들이 그렇습니다. 각각 따로따로 존재하는 것 같지
만 사실은 여기에서 저기로, 저기에서 다시 여기로 이어집니다.

이 책은 이미 알고 있는 이야기들, 어디선가 어렴풋이 들어

봤을 법한 이야기들, 그리고 새롭게 알게 된 이야기들을 엮어서 퀼트를 만들 듯 한 땀 한 땀 꿰어놓았습니다. 지식의 조각들이 거대한 조화를 이뤄내며 우리에게 거시적인 시각을 제공할 때 지적인 흥분과 만족도는 더욱 커질 것입니다.

이 책은 먼저 이 질문을 앞에 놓고 시작합니다. "유례없는 발전의 속도에 살고 있는 지금, 인간은 어디를 향해 가고 있을까요?" 우리가 어디로 가는지 알려면 어디에서 왔는지, 그리고 인류의 여정이 어떻게 꾸려져왔는지를 알아야 합니다. 그러면, 적어도 방향성이라도 가늠해볼 수 있을 테니까요.

지금부터 각 시대를 대표하는 고전들을 따라 여행하며 인류의 흐름을 살펴보려 합니다. 거시사인 『사피엔스』나 『총, 균, 쇠』에서 제기된 문제를 역사 이전의 신화 시대에서부터 국가가 만들어지고 사회가 성립하여 그 사회 안에서 개개인들이 성장하는 과정까지 살펴볼 것입니다. 이를 통해 우리는 어디를 향해 가고 있는지, 혹은 어디로 가야 하는지 가늠해볼 수 있을 것입니다. 인류가 어떤 미래에 당도할지 알 수는 없지만, 이왕이면 이상적 사회의 완성과 인간의 우주적 성장에 가닿는 것은 우리 모두의 과제이자, 바람입니다.

고전으로 남아 있는 책들은 오즈를 안내하는 노란 벽돌 길처럼 인류의 과거와 현재를 통해 결국에는 미래로 우리의 여행길을 이끌어줍니다. 인류의 변곡사가 이렇게 하나의 길로 꿰인다는 사실이 놀랍지만, 다시 생각하면 우리의 미래는 이러한 시대정신에 따라 결정되는 것이니까, 당연한 일이기도 합니다. 다만 그 길 위에 서 있는 우리들은 가끔씩 길을 잃기도 하고, 멈춰 서기도 하고, 심지어 역주행하는 일도 있습니다. 그렇기 때문에 우리는 내비게이션을 항상 최신 버전으로 업데이트할 필요가 있습니다. 방향감각을 잃지 않도록 눈은 시대를 직시하고, 귀는 사람들에게 기울이며, 머리로는 끊임없이 생각하고 예측해야 합니다.

말은 이렇게 장황하지만, 어렵지 않습니다. 가이드로 제가 있으니까요! 차근차근 저만 잘 따라오신다면 여러분은 질문하는 인간에서 곧 탐구하는 인간이 되어 아마 이 책을 덮을 때는 생각하는 인간으로서 성장해 있을 겁니다. 자, 그럼 이제부터 지식 여행의 서막을 열어볼까요? 길을 잃지 않도록 이정표를 먼저 안내할게요. 순서대로 맥락을 짚으며 전체적인 지식의 흐름을 살펴보면 여러분이 더 쉽게 지식을 가져갈 수 있을 거예요. 따라오시죠.

START!

문을 나서려니 여긴 아직 겨울이군요. 밤새 쌓인 눈 때문에 하얇게 뒤덮인 세상. 하늘과 땅이 맞닿아 경계조차 알 수 없습니다. 저 너머의 세상이 궁금하지만, 끝간 데 없이 펼쳐진 하얀 설원을 보며 여장을 꾸려 나서기란 여간 어려운 일이 아닙니다. 그럴 때 앞서 간 사람의 외줄기 발자국을 발견하는 것은, 단순한 길 안내 이상의 의미를 갖습니다. 외롭지만 올곧게 뻗은 발자국은 이정표이자 희망이고, 용기이자 위로이기도 합니다.

질문하는
인간

레벨 1   레벨 2   레벨 3

『사피엔스』 _____

제게는 유발 하라리의『사피엔스』가 그랬습니다. 인류사의 발자취를 뒤따라 가보는 장대한 여행을 계획했을 때 그 막막한 여정에 선명한 이정표가 되어준 것이 바로『사피엔스』였어요. 낯선 여행지에서 와이파이로 다운받은 구글맵 같은 존재였달까요.

이렇듯 삶의 방향을 제시해주는 책, 혹은 학문을 우리는 흔히 인문학이라 하는데, 인문학이 무엇인가에 대한 정의는 사람마다 조금씩 다른 것 같습니다. 저는 인문학의 정의를 '사람에 대한 이해'라고 내리고 싶습니다. 지식도, 철학도, 역사도, 문화도,

사회도, 과학도, 기술도 모두 인간이라는 주체가 있기 때문에 생길 수 있었습니다. 그래서 지식의 가장 기본적인 물음은 모든 것의 주체인 인간에서부터 시작되어야 합니다. 사람들의 가장 큰 관심은 언제나 '인간에 대한 것'이었습니다. 인간이란 어떤 존재이며, 인간은 어디에서 왔고 어디를 향해 가고 있을까요? 우리는 지금 어디로 가고 있는 걸까요?

먼저 인간에 대해 생각해보겠습니다. 첫 번째 이정표는 제목 자체도 '인간'이라는 의미인 유발 하라리의 『사피엔스』입니다.

『총, 균, 쇠』

인류의 역사를 다룬 초거시사인 『사피엔스』는 사실 재레드 다이아몬드의 『총, 균, 쇠』의 영향을 받았다는 것을 부인하기 어렵습니다. 인류사를 돌아보면 지금까지 우리는 장대한 발전을 이루어왔습니다. 이 장구한 인류사에서 운은 몇 퍼센트 정도의 지분을 갖고 있을까요? 운은 인간의 의지보다 우위에 있을까요?

『총, 균, 쇠』는 "왜 백인이 세계의 주류가 되었을까?" 하는 원주민의 개인적인 의문에 대한 사회적인 대답을 담은 책이라고 할 수 있습니다. 백인이 세계의 주류가 될 수 있던 건 사실은 그저 운 덕분이었다는 『총, 균, 쇠』의 환경결정론은 허무하기도 하지만, 한편으로는 운명 앞에서 인간은 겸허해야 한다는 사실을 준엄하게 일깨워줍니다.

누구에게나 처음은 있습니다. 30년 동안 공연을 해온 베테랑 가수에게도 첫 번째 공연은 있고, 42.195킬로미터를 뛰는 마라토너에게도 처음 뛴 100미터가 있습니다. 그렇다면 인류의 처음은 어디일까요? 안타깝게도 우리가 알 수 있는 것은 선대가 알려주는 범위 이상을 넘지 못합니다. 과학이 알려주는 것은 흔적일 뿐, 사유의 자취는 따라갈 수 없습니다.

인류의 기록이 닿는 최초의 범위는 그리스·로마 시대입니다. 신화 속에서 신의 이름을 빌린 인간의 행적들을 발견할 수 있습니다. 역사로 기록되지 않았지만 역사 이전의 시대에도 인간은 살았습니다.

인간이 남긴 인간의 기록들을 역사라고 부릅니다. 인간은 왜 자신이 존재하지도 않을 미래를 위해 역사를 남기려고 하는 걸까요? 인간은 왜 이미 지나가버려 다시는 오지 않을 과거의 일에 관심을 갖는 걸까요?

역사에는 옛날이야기 이상의 무언가가 있는 모양입니다. 인간은 끊임없이 인간에 대해 기록해왔고 필연적 진보에 의해 지금에 다다랐습니다. 그렇다면 도대체 역사란 무엇일까요? 우리는 왜 역사를 알아야 할까요?

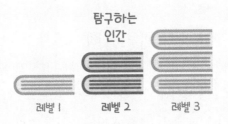

탐구하는
인간

레벨 1   레벨 2   레벨 3

『국가』 ─────────────────────────

그리스·로마 시대에 중요한 의사 결정 단위는 국가였습니다. 도시국가 시대라고도 하잖아요. 드디어 이 시대부터 인간의 집단 단위는 부족을 넘어서 국가가 됩니다. 집단적 의사 결정을 하고, 때로는 정복 전쟁을 하면서 사람들은 국가의 쓸모를 절감합니다.

이 시대를 살았던 한 철학자는 '이상적인 인간이란 어떤 사람인가?'라는 물음에 답을 찾으려 했습니다. 그는 '이상적인 인간'을 정의 내리는 것보다는 '이상적인 국가'를 정의 내리는 게 더 쉽다며, 그 국가와 닮은 인간상이 가장 이상적인 인간이라는 논리 아래 이상적인 국가에 대한 생각을 펼쳐놓습니다.

여기에서 나온 아이디어들은 이후 국가의 기틀을 잡는 데 큰 뼈대가 됩니다. 신분제와 종교의 체제를 만드는 기초가 되었거든요. 근대사회 시스템을 구축하는 데 큰 영향을 끼친 이 철학자의 이름은 오늘날까지도 꽤 유명합니다. 바로 플라톤입니다. 과연 플라톤이 국가에 진심으로 바란 것은 무엇이었을까요?

대제국을 건설하면서 로마는 통치자 한 명의 생각과 행동으로 국가의 틀을 존속하기가 매우 어려워졌습니다. 로마는 개성 강한 노포老鋪로는 세력을 확장하기 어렵다고 보고 프랜차이즈 전략을 택합니다. 프랜차이즈를 유지하는 가장 강력한 규범은 종교였습니다. 종교는 시대와 지역을 초월해 작동하는 것이니까요.

이렇게 로마제국과 함께 종교의 시대가 열립니다. 종교는 로마제국이 사라진 뒤에도 살아남아 중세 시대까지 강력한 영향력을 행사합니다. 인간이 사라지고 신의 말씀과 신의 입장을 대변하는 몇몇 사람들만 남아 있는 암흑의 시대가 도래한 것이지요.

하지만 인간은 언제까지나 동굴의 어둠 속에 있지 않았습니다. 신성神性으로 가려진 동굴 틈새로 조금씩 이성의 빛이 새어 들어오기 시작한 것입니다. 이 무렵의 이야기를 형상화한 유명한 작품이 있습니다. 바로 움베르토 에코의 『장미의 이름』입니다. 드디어 인간은 호기심을 이기지 못하고 종교의 금기를 깨고 신의 정원에 발을 딛습니다.

중세는 왕권과 신권이 서로를 보호하고 보완하는 투 톱 체제였습니다. 그런데 종교의 힘이 과도하게 세지면서 인간의 땅에서 인간성이 몰살되고 오직 신과 신의 말씀만 남게 됩니다. 이런 사회적 분위기에 반발해 종교개혁의 움직임이 일어납니다. 사람들은 신의 통치가 아닌 인간의 통치가 필요하다고 느끼기 시작합니다. 통치의 정당성이 아닌, 실제적인 통치의 기술이 필요해진 것이지요.

드디어 인간이 사는 이 땅에서 종교라는 필터가 빠지고 인간이 드러납니다.

「리바이어던」

썰물이 빠진 바닷가에 모래사장이 드러나듯, 신이 사라지자 비로소 인간 본연의 모습이 드러납니다. 인류가 자기 자신에게 관심을 가지기 시작한 거죠. 인간 본성에 대한 탐구는 인간이 본래 가진 권리와 환경까지로 관심의 범위가 넓혀집니다.

하지만 막상 들여다본 인간은 그렇게 선하지 않았습니다. 인간들이 사회를 이루어 같이 살아갈 필요는 분명하지만, 가만히 놓아두면 자신의 이익을 위해 서로의 등에 칼을 꼽을 생각만 하는 것처럼 보였거든요. 종교가 인간을 지배하던 시대에는 신의 율법이 이런 행동들을 제어했습니다. 그런데 신이 없다면 도대체 어떻게 이런 인간들의 행동을 통제해야 할까요? 그에 대한 사유의 결과가 토머스 홉스의 『리바이어던』입니다. 자, 그럼 이제 인간들만으로 만들어진 사회에 대해 얘기해볼까요?

_____

1000여 년 넘게 인간을 지배해온 신의 말씀은 한순간에 봄눈 녹듯 사라지지는 않았습니다. 권력과 재물에 지나친 관심을 보이는 가톨릭에 반기를 든 '믿는 사람'들은 종교를 개혁한 것이지 신을 개혁한 게 아니었거든요.

프로테스탄티즘이라는 새로운 방법론으로 신을 섬기기 시작한 사람들은 청교도 정신으로 무장하고 금욕적인 생활을 하며 부를 쌓아가기 시작합니다. 이들에게 부는 신의 은총이자 적당한 노력의 결과물이었지요.

청교도 정신으로 성공한 사람의 은유이자 직유가 바로, 무인도에서 28년간 산 사람 『로빈슨 크루소』입니다. 이 무인도에서 우리가 무엇을 발견할 수 있는지 다음 이정표를 따라가보겠습니다.

_____

군집 생활을 하는 동물은 많지만, 사람의 군집 생활은 사회라는 특별한 이름으로 불립니다. 사회에서는 저마다의 역할과 직분, 직업 같은 것에 따라 관계가 형성됩니다. 이 관계 때문에 많은 문제가 발현됩니다. 저마다의 생각과 욕망과 취향이 다른 사람들이 자신의 영역을 주장하며 모여 사는 것은 결코 쉬운 일이 아니기 때문입니다.

그래서 사람들의 관계를 규정할 필요가 생겨납니다. 신이 이 땅에 절대적 영향력을 행사하던 시절에는 관계를 규정하고 그에 대해 정당성을 부여하는 것이 비교적 쉬웠습니다. 하지만 신의 존재감이 점점 희미해지면서 인간들 사이의 관계를 규정하기는 어려워집니다. 그래서 보다 관계를 정확하게 규정하고 약속할 필요가 생깁니다. 그 도구가 바로 법입니다. 인간의 필요에 의해 사회 시스템 위로 올라온 법은 정의로운 것이 중요한 게 아니라 법이라는 역할의 속성에 맞게 실제로 지켜지는가가 중요합니다.

최근 몇 년 사이에 법이란 무엇이며, 과연 그 법을 지켜야 하는가에 대해 의문을 가질 만한 일이 많았습니다. 그래서 법의 근본적인 정신을 다시 한 번 생각해볼 필요가 있는 것 같아요. 다음 이정표는 몽테스키외의 『법의 정신』입니다.

『에밀』 ────────────────────────

절대적이었던 신의 지배가 약해지면서, 신이 부여한 지배층의 정당성이 사라지자 그들 역시 특별할 것 없는 인간이라는 것이 적나라하게 드러납니다.

신분제 사회에서 장 자크 루소는 인간은 누구나 평등하다는 것을 노골적으로 천명합니다. 루소는 『에밀』에서 "인간은 신분에 상관없이 누구나 똑같고 선량하기 때문에, 그 본성이 잘 발휘되도록 이끌어주는 것이 올바른 교육이다"라고 말합니다. 이 책은 교육서이지만 민주주의로 발현됩니다. 루소의 평등 사상은 후일 프랑스혁명의 토대가 되고, 민주주의의 기초가 됩니다.

『에밀』은 교육학에서 중요한 도서이기도 하지만, 신분에 관계없이 누구나 교육으로 이상적인 인간에 이를 수 있다는 메시지로 현대인들에게 와닿습니다.

『월든』

누구나 다 법을 따르는 것은 아닙니다. 이렇게 사회 속에서 함께 살아가는 과정에서 생겨나는 문제를 치열하게 고민하는 것의 반대편에는 자급자족을 꿈꾸며 혼자서 살아가는 삶을 이상으로 놓는 사람도 있습니다. 개인의 평등, 개인의 자유, 이런 전제에 동의한다면 개개인 한 명 한 명이 그대로 삶의 단위가 될 수도 있습니다. 종교나 사회의 의무에서 벗어나 타인과 특별한 관계를 맺지 않고 자연 속에서 자급자족하며 살아가는 것입니다.

이런 삶의 태도와 사색의 결과는 사회 속에서 형성되는 '관계'와 '경쟁' 때문에 지친 사람들에게 힐링의 마법을 선사하기도 합니다. 헨리 데이비드 소로는 이런 이상을 월든 숲으로 가서 현실화했습니다. 하루하루에 충실하며 적어내려 간 『월든』은 시인지 에세이인지 체험담인지 장르가 모호하지만 이 메시지 하나는 확실합니다. 엄청난 속도로 달려가고 있는 사람들에게 잠깐 멈추고 자신의 인생을 돌아볼 기회를 가져보라 촉구합니다. 완독한 사람은 드물지만 한 번 읽은 사람은 최고의 책으로 꼽는 데 주저함이 없는 헨리 데이비드 소로의 『월든』입니다.

『자유론』

자급자족하는 인간은 예외적인 움직임이라고 할 수 있습니다. 『월든』 역시 '삶'이 아니라 '실험'이라고 작가 스스로도 밝혔습니다. 보다 일반적이고 중요한 방향은 '사회를 어떻게 설계하느냐?'겠죠. 인간은 신과 왕이 빠진 사회를 디자인하기 시작합니다.

그런데 문제가 생깁니다. 전에는 신과 왕이 담당했던 바로 그 업무, '개인들의 이기심을 어떻게 제어할 것인가?'를 해결할 방법을 찾아내기 어려웠다는 겁니다. 그에 대한 해답으로 찾아낸 게 실정법입니다. 이는 개인들 간의 약속으로 지켜지는 법을 말합니다.

그렇다면 개인에게 강제되는 책임의 무게와 그에 따라 개인에게 허용되는 자유의 범위는 어디까지일까요? 이 질문에 대해 생각해보기 위해 존 스튜어트 밀의 『자유론』을 읽어봅니다.

『1984』

지금까지 인간은 자유를 향해 달려온 것처럼 보였습니다. 그래서 인간이 진정으로 욕망하는 것은 개인의 자유라고 생각할 수도 있지만 때로는 이 말이 맞나 하는 의문이 들기도 합니다. 모든 결정을 스스로 하고, 그에 따른 책임을 온전히 감당해야 하는 자유가 인간에게 큰 부담이 될 때도 있거든요.

그래서인지 사람들은 단체 속에서 안정감을 느낍니다. 모두 같이 행동하고 같이 생각한다는 것은, 시시각각 부딪히는 여러 상황 속에서 매번 스스로 결정하고 책임질 필요가 없다는 이야기도 되죠. 집단의 규율에 따르고, 집단의 생각에 동기화되면 안개가 깔린 듯 어슴푸레하던 자신의 인생과 미래가 꽤 뚜렷히 보이기도 합니다.

개인에게 자유를 보장할수록 인간들은 더욱더 자신을 묶는 틀을 갈구했습니다. 파시즘, 나치즘같이 세계 전쟁을 일으킨 전체주의 경향부터 인종, 종교, 지역, 성같이 자신이 속한 울타리와 그 밖에 있는 타인을 구분하고 차별화함으로써 안정감을 느끼는 혐오와 차별의 논리까지, 모두 이런 맥락에서 이해할 수 있습니다.

그런데 이런 전체주의는 몇 명의 소수에 의해서 방향성이 정해지는 순간, 매우 위험한 독재로 변질되기 쉽습니다. 이런 전체주의를 경계한 대표적인 인물이 조지 오웰입니다. 그의 대표작들은 전체주의에 대한 위험의 호루라기 소리라고 할 수 있습니다. 그중에서도 전체주의가 어떻게 개인을 지배하는가를 적

나라하게 보여주는 소설이 있습니다. 바로 『1984』입니다. 이 소설이 왜 지독한 새드엔딩인지 살펴보시죠.

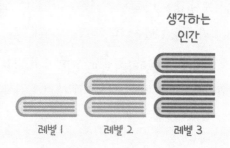

『돈으로 살 수 없는 것들』 _____

여기까지 잘 따라오셨습니다. 이제부터 현대 사회입니다. 신이나 왕의 법이 사라진 현대 사회에선 모두가 따라야 할 강력한 규율과 서사가 사라졌습니다. 심지어 자유나 평등의 이상조차 때로는 모든 것의 전제가 되지 못할 때가 있죠. 이런 것 대신 모두가 추구하는 대상이 생겼습니다. 바로 '돈'입니다. 현대 사회에서 돈은 점점 종교화되고 있어요. '돈 많으면 형님'이라는 농담이 재미는 있지만 우습지는 않은 건 이 말에 어느 정도의 진실이 내포되어 있기 때문일 겁니다.

신과 왕이 가졌던 무소불위의 권위와 가능성을 지금은 돈이 보장해줍니다. 많은 사람이 돈을 벌어 '경제적 자유'를 획득하고 싶다고 이야기하잖아요. 돈이 자유를 보장해준다는 전제가 생각에 깔려 있는 거예요. 현대 사회에 누구나 자유를 누릴 수 있는 당위성이 있다지만, 실제로 자유를 누릴 수 있는 건 경제력을 가진 사람들뿐입니다.

인류 역사에서 많은 이들이 추구해온 '자유'는, 오늘날 점점 '돈'으로 치환되어가고 있습니다. 이런 생각에 경고를 보내는 책이 마이클 샌델의 『돈으로 살 수 없는 것들』입니다. 과연 인류는 원칙과 합의를 돈으로 사기 위해 지금까지 열심히 달려온 걸까요?

『이기적 유전자』 ─────────────────────────

개인의 자유, 개인의 이익만을 생각하며 행동하는 인간을 사회라는 이름 아래 하나로 묶기 위해 앞서 본 바와 같은 많은 논의와 시도들이 있었습니다. 종교, 왕의 통치, 법, 심지어 돈까지요. 그런데 이 모든 것들은 상상 속의 질서입니다. 명확한 실체가 있다기보다 상상 속에서 이루어지는, 그저 약속에 불과한 것들일 뿐이죠.

하지만 인간의 사회를 보다 실체적으로 밝히려는 시도도 있습니다. 리처드 도킨스는 『이기적 유전자』에서 이기적인 개인의 이타성을 생물학적 견지에서 규명하면서 이타성은 도덕적 고양의 차원에서 이루어지는 고차원적인 정신 활동이 아니라 그저 동물적인 본성에 따른 작용에 불과하다는 결론에 도달합니다.

이타성은 인간 개체가 아닌 DNA 차원의 이기적 행동이라는『이기적 유전자』의 논의는 인간이 어디에서 와서 어디로 가는가를 생각하는 우리의 여정에 '전환점'이 되어줍니다. 그동안 인간의 역사가 향해온 방향성은 '인간이 어떻게 사회를 이루어 같이 살아갈 것인가'에 대한 이야기였습니다. 그러나『이기적 유전자』는 인간이 사회를 이루어 살기 위해 했던 그 모든 시도는 그것이 인간이 생존하는 데 있어 가장 유리하기 때문이라고 말합니다.

도덕, 법, 종교가 인간의 본성을 컨트롤하는 도구들일 뿐이고, 인간이라는 개체도 DNA의 더미일 뿐이라는『이기적 유전자』의 주장은 인간이라는 개체가 특별하다고 생각하는 시각을 파기하고, 인간은 여러 동물 중 하나에 불과할 뿐이라는 인식을 심어줍니다. 인간은 만물의 지배자가 아니라 그저 만물 중 하나라는 것이지요.

『이기적 유전자』는 희생이나 배려 같은 도덕적 행동을 하나의 자연법칙으로 치환해버린다는 점에서 아주 중요한 책이라고 할 수 있습니다. 인간의 사회를 과학적으로 들여다볼 수 있게 해주거든요.

『멋진 신세계』 ————————————————————————

앞으로 인간은 어디로 가게 될까요? 과학의 힘이 종교, 사회, 문화의 힘을 압도해버린 요즘의 추세를 보면, 아무래도 과학과 기술에 빚진 미래가 펼쳐질 것이 자명해 보입니다. 지금부터 100여 년 전쯤, 기술이 변모시킨 미래상을 제시한 소설이 있습니다. 바로 올더스 헉슬리의『멋진 신세계』입니다.

인간이지만 인간 같지 않은 인간들이 살고 있는 미래의 이야기. 과연 우리가 향하고 있는 미래는 이렇게 소름 끼치는 모습일까요?

『코스모스』

지금까지 논의한 모든 책은 결국 '인간'에 대한 관심을 담고 있습니다. 그런데 이렇게 치열하게 우리의 역사를 돌아보고, 앞으로의 항로를 예측하는 그 모든 일들이 부질없는 것처럼 느껴지게 하는 책이 있습니다. 그 모든 것은 다 티끌 같은 이야기라며 거시적인 관점을 넘어서 우주적인 관점을 제시한 책, 바로 칼 세이건의『코스모스』입니다.

이 책을 읽고 있으면 마치 우주를 산책하는 듯한 느낌이 듭니다. 광대한 우주에 대비되어 하찮기만 한 인간이라는 존재 자체가 허무하게 느껴진달까요.

기껏 지금까지 인간의 항해를 탐색하며 인류를 들여다보았던 우리의 여정이 '인간은 하찮다'는 결론으로 귀결된다니, 마지막 이정표가『코스모스』인 게 이해되지 않을 수도 있을 것 같습니다. 그러나『코스모스』가 주장하는 것은 모든 것은 덧없고 하찮을 뿐이라는 허무주의가 아닙니다. 오히려 압도적인 우주의 크기와 영원의 시간 앞에서 인간의 욕심이나 다툼은 우습기 짝이 없는 것이니 서로 아웅다웅하지 말고 아껴주고 사랑하며 평화롭게 지내라는 것입니다.

개인적으로 저에게 『코스모스』는 드넓은 우주에 걸맞게 인간으로서 한 단계 더 나아간 정신 고양이 필요하다는 도전 의식을 가지게 하는 책이기도 했습니다.

FINISH!

이렇게 지식 여행의 마지막 여정에 도착했습니다. 지금까지의 논의는 질문하는 인간에서 탐구하는 인간, 생각하는 인간이 되기까지의 과정이었는데요. 마지막 장을 덮는 여러분은 어떤 생각을 하고 있을까요? 그 물음에 대한 답이 이 책의 진짜 마지막 이정표일 것입니다.

차례
contents

◦—————◆ 레벨 1 ◆ 질문하는 인간 —————◦

질문하는 인간

LV. 1

인류는 어디에서 와서
어디로 가는가?

유발 하라리 『사피엔스』

#현생 인류   #인지 혁명   #농업 혁명   #과학 혁명

『사피엔스』가 답하고자 하는 것

여러분에게 질문을 하나 해보겠습니다.

"10년 후, 당신의 모습은?"

10분 후도 모르는데 10년 후를 얘기하라니 어이없다는 반응이 대부분일 겁니다. 하지만 억지로라도 10년 후의 모습을 그려볼까요? 그래도 쉽게 답을 떠올리기는 어려울 겁니다. 이 질문에 답하기 어려운 이유는 자신의 꿈이나 비전과 관계가 깊기 때문입니다. 인생의 방향성을 정확히 알고 컨트롤할 수 있는 사람이 얼마나 될까요? '불과 3~4년 전만 해도 내가 이런 일을 하게 될 줄 몰랐다'며 현재 자신의 모습에 놀라는 사람도 상당히 많습니다. 우리가 10년 후에 대해 말할 수 있는 사실은 지금보다 열 살 많을 것이라는 정도밖에 없습니다.

10년 후에 대한 명확한 비전을 가지고 사는 사람을 만나는 것은 쉬운 일이 아닙니다. 학창 시절 어렴풋이 미래를 꿈꿔본 적은 있을 테지만 어른이 되고 나서는 미래를 명확히 말하는 건 어려운 일입니다. 나의 미래가 나의 예측처럼 되지 않는다는 것을 어른이 되어가며 깨닫게 되기 때문이죠. 그럼에도 우리 모두는 미래에 대해 알고 싶어 합니다.

질문을 좀 더 확장해봅시다. '50년 후'라고 시간을 늘려보는 겁니다. "50년 후의 내 모습은 어떨까요?" 10년 후라면 대충 생각이라도 해볼 텐데, 50년 후라니. 감도 오지 않을 겁니다.

이번에는 대상을 확장해볼까요? "한 개인이 아닌 한국인이라는 집단은 50년 후, 어떻게 변해 있을까요?" 이 질문을 받은 여러분은 지금 몹시 당황스러울 겁니다. 그럼에도 저는 다시 질문해보겠습니다. 시간과 대상을 더 확장해보겠습니다.

"도대체 '인류'는 '100년 후' 어떻게 변해 있을까요?"

이 질문의 답을 제시하려고 도전한 사람이 바로 유발 하라리입니다. 그리고 그 답을 집약한 것이 바로 여러분이 아는 책 『사피엔스』입니다. 그러니까 『사피엔스』는 100년 후 인류의 미래를 이야기하는 책이라는 거지요. 『사피엔스』를 이미 읽어보신 분이나 이 책에 대한 이야기를 조금이라도 들어본 분이라면 이 책이 미래에 대한 이야기보다는 주로 과거의 이야기로 전개된다는 것을 알고 있을 겁니다. 그러니까 『사피엔스』는 '앞으로 미래가 이럴 것이다'라고 얘기하는 앨빈 토플러의 『제3의 물결』이나 제러미 리프킨의 『노동의 종말』처럼 미래 사회를 예견하는 책은 아닙니다. 오히려 과거를 이야기하죠. 유발 하라리가 얘기하는 과거는 종이와 풀로 이어 붙인 낱장의 역사가 아닙니다. 흐름과 맥락이 있는 과거입니다. 인류가 어디에서 와서 어떻게 발전했으며, 그래서 어디로 흘러갈 것인가를 생각하게 되는 기억 회귀의 장치이자 예측의 도구로서 인류의 역사를 풀어놓습니다.

현생 인류를 뜻하는 '사피엔스'

고 최희준 선생의 노래 〈하숙생〉은 2018년 최희준 선생이 돌아가셨을 때 이낙연 당시 국무총리가 하숙생 시절 유일한 위안이 되었던 노래라며 페이스북에 추모 글을 올릴 정도로 많은 사람들에게 익히 알려진 명곡입니다. 노래는 이런 가사로 시작합니다.

인생은 나그네 길 어디서 왔다가 어디로 가는가?

인생이 어디로 가는지 알려면 어디서 오는지 먼저 알아야 합니다. 방향성을 알아야 짐작할 여지가 생깁니다. 마찬가지로 인류가 어디로 가는지 알려면 인류는 어디에서 왔으며 어떻게 발전했는가를 알아야 합니다. 그래서 『사피엔스』는 서술의 중심 축을 인류의 발전 과정에 놓습니다. 그런데 이 과정이 꽤나 파격적이고 흥미진진합니다. 유발 하라리는 인간의 역사를 기술한 이 파격적인 책의 제목을 현생 인류를 뜻하는 '사피엔스'라고 붙입니다.

『사피엔스』와 비슷하게 인류의 거시사를 다룬 책으로 재레드 다이아몬드의 『총, 균, 쇠』가 있습니다. 그런데 『총, 균, 쇠』는 '왜 백인들이 세계사의 주류가 되었을까?'라는 질문에 대한 대답을 다룬 책으로, 『사피엔스』보다 다루고 있는 범위가 좁습니다. 반면 『사피엔스』는 '인류는 어디에서 왔으며 어떻게 발전했는가?'에 대한 답을 다룬다고 할 수 있어요. 서술 범위 자체가 비교할 수 없이 넓고 스케일이 큽니다.

그래서인지 『사피엔스』를 인생 책으로 꼽는 사람이 상당히 많습니다. 이 책이 전달하려는 거시적인 메시지뿐만 아니라, 그 맥락을 잡아가는 세부적인 내용에서도 동서고금을 넘나드는 방대한 지식이 망라되어 있어 지식의 바다를 항해하는 즐거움이 꽤 큽니다. 게다가 상당히 어려운 이야기를 재미있게 구성하고 절묘하게 표현해서 읽는 내내 지루하지 않습니다.

이야기를 엮어가고 풀어놓는 유발 하라리의 남다른 재주와 이야기꾼으로서의 면모가 돋보입니다. '위계질서'에 대한 이야기를 설명하면서 함무라비, 아리스토텔레스의 생각들을 소개하기도 하고요, 갑자기 서부 시대 미국 이야기로 건너가기도 합니다. 인도의 카스트 제도로 널을 뛰기도 하고요, 그러다가 피그말리온 이야기를 하면서 해리포터까지 언급하죠.

마치 tvN에서 방영된 예능 〈알쓸신잡〉의 전 세계 판을 보는 것 같습니다. 〈알쓸신잡〉은 각 분야의 지식인들이 한 지역을 여행하면서 그곳과 관계된 여러 가지 이야기와 지식들을 씨줄과 날줄로 엮어서 조망한 뒤 인문학적 지식을 풀어놓는 프로그램이었습니다. 『사피엔스』 역시 여러 가지 다양한 이야기들로 사피엔스 종의 역사를 조망하는데, 예능 프로그램 보는 것 못지않게 읽는 재미가 있습니다. 관점과 생각이 넓어지는 경험을 할 수 있을 뿐만 아니라 지적인 포만감을 충분히 느끼게 해주는 책이 분명합니다.

동족살해의 원죄를 가지고 시작한 인류

『사피엔스』는 지성인이라면 한 번쯤 읽어봐야 하는 인문 기본서로 꼽힙니다. 그런데 무려 636쪽에 달하는 분량을 자랑하는

탓에 사놓고도 완독하지 못했다는 얘기를 많이 듣습니다. 대뜸 "『사피엔스』를 한마디로 설명해달라"는 요청이 오기도 합니다. 사실 이런 요청을 해결하는 것은 그리 어려운 일이 아닙니다. 『사피엔스』는 상당히 긴 책이지만, 이 책의 줄거리는 비교적 단순하거든요. 자, 이제 『사피엔스』를 한 문장으로 정리해보겠습니다.

사피엔스 종은 인지 혁명, 농업 혁명, 과학 혁명을 거치면서 죽음까지 극복할 수 있는 새로운 인류로 진화하고 있다.

이것이 바로 『사피엔스』에서 말하고자 하는 내용입니다.

이 혁명은 단계적으로 이루어집니다. 인지 혁명이 그 첫 번째 단계입니다. 약 7만 년 전에 일어난 인지 혁명을 통해 사피엔스는 경쟁자들을 물리치고 지구의 주인 행세를 할 기틀을 마련합니다. 지금은 많이 알려진 이야기지만, 사실 네안데르탈인과 사피엔스는 직선적으로 연결되는 종이 아닙니다. 네안데르탈인이 발전해서 사피엔스가 된 게 아니라는 거죠. 오히려 이 둘은 서로 경쟁하는 종이었습니다.

유발 하라리에 의하면 250만 년 전에 오스트랄로피테쿠스에게서 인류의 기원이 시작되어서 그 후 200만 년 전에서 1만 년 전까지 지구에는 다양한 인간 종이 살았습니다. 그 가운데는 지금의 인류보다 큰 종족도 있었고, 1미터도 안 되는 작은 종족들도 있었습니다. 저는 개인적으로 공룡의 뼈가 고대인들이나 중세인들에게 발견되어 용이라는 상상의 동물을 만들어내는데 기여했다고 생각합니다. 마찬가지로 이런 종족들의 뼈가 이야기 속의 난쟁이나 거인, 트롤 같은 다양한 존재를 만들어내는데 기초가 된 게 아닐까요? 중세 시대 사람들이 그 뼈들을 달리 뭐라 설명할 수 있었겠어요.

그런데 여기서 주목해야 할 점은 이런 다양한 인간 종들 중에 사피엔스만 남았다는 것입니다. 개만 해도 시츄, 웰시코기, 시베리안 허스키, 불독 등 다양한 종이 있잖아요. 거의 모든 동물들에 다양한 종이 존재하는데 인간만이 '사피엔스'라는 한 종으로 남았다는 건 정상적인 진화의 결과라고 보기 어렵습니다. 어떻게 해서 사피엔스가 인간 종에서 유일하게 살아남게 된 것일까요? 섬뜩하지만 이러한 사실은 사피엔스들의 지독한 범죄 가능성을 암시합니다. 바로 존속 살해, 사촌 살인이죠.

사피엔스는 다른 종들, 특히 덩치가 크고 힘이 센 네안데르탈인과의 경쟁에서 승리합니다. 그들의 피를 손에 묻히고 지구를 정복한 거죠. 사실 정확히 말하자면 손에 묻힌 게 아니라 입에 묻혔다고도 합니다. 그래서 사피엔스는 식인종이었다는 말이 있는 겁니다.

유일하게 살아남은 인간 종, 사피엔스의 비밀

진짜 의문은 여기에 있습니다. 도대체 어떻게 신체적으로 우월한 네안데르탈인을 왜소한 사피엔스가 이길 수 있었을까요? 여기에 유발 하라리가 말하는 사피엔스의 특징이자, 첫 번째 단계의 혁명이 놓여 있습니다. 사피엔스가 신체적으로 월등했던 네안데르탈인을 이길 수 있었던 것은 구체적인 언어를 통해 정확한 정보 전달이 가능했기 때문입니다.

언어는 사회적 의사소통의 가장 중요한 도구로, 이 도구를 잘 활용한 사피엔스들은 집단적 움직임이 가능했습니다. 집단의 물리적 한계는 150명 정도입니다. 언어는 이 한계를 극복하게 도와줍니다. 활발한 의사소통과 긴밀한 집단 협력 체제는 구체적이고 유기적인 팀플레이를 가능하게 해주었습니다. 이는 사냥을 통해서 지구상의 대형 동물을 멸종시킬 수 있었던 강력한 무기이기도 하면서, 신체적으로 월등한 네안데르탈인과의 주도권 싸움에서 승리할 수 있었던 비결이기도 합니다. 이처럼 새로운 의사소통 방식을 일컫는 '인지 혁명'은 '사회적 연결'에 대한 이야기입니다.

통계를 중심으로 자살 현상을 사회학적으로 분석한 에밀 뒤르켐은 『자살론』에서 인간이 자살을 하는 이유는 유전자나 개인적 우울감 때문이 아니라 사회에 적응하지 못한 탓이 가장 크다고 이야기합니다. 사회에 속하지 못한다는 생각은 인간 스스로 자신의 존재를 포기하게 만들 만큼 치명적이라는 뜻인데요. 『사피엔스』를 보면 '사회'라는 시스템이 바로 사피엔스라는 존재의 근간이 된다는 것을 알 수 있어요. 이를 통해 뒤르켐이 왜 이렇게 추론했는지 어느 정도 이해할 수 있습니다.

농업 혁명이라는 사기에 걸려든 인간

1592년 왜가 명나라를 치러 갈 테니 길을 빌려달라는 명분으로 조선을 침략한 사건이 일어납니다. 바로 임진년에 일어난 임진왜란입니다. 이 전쟁은 도요토미 히데요시가 사분오열된 일본을 통일하자 외부와 경쟁이 사라진 내부에서 분열이 일어나기 시작해 그 에너지를 밖으로 돌리고자 하는 데 실제적인 목적이 있었다고 합니다. 이렇듯 집단에는 에너지가 존재하는데, 외부에 적이 있으면 그와의 싸움으로 에너지가 소모되지만, 외부의 적이 사라지면 에너지의 분출구가 내부로 향하게 됩니다.

다시 사피엔스 이야기로 돌아가볼까요. 다양한 인간 종 가운데 유일하게 살아남은 사피엔스는 외부로부터의 위협이 어느 정도 사라지자 내부적인 분열을 겪게 됩니다. 사실 수렵채집인 시절에는 그야말로 그날 벌어 그날 먹고 사는 생활 패턴이었기 때문에 사냥과 채집의 영역 문제를 빼놓고는 서로 다툴 일이 많지 않았습니다. 바로 땅이 유일하게 다툴 거리였던 것이죠. 풍요로운 지역은 한정돼 있었고, 다른 종들을 지배하면서 천적의 개념이 사라진 사피엔스는 날로 늘어나고 있었으니까요. 사피엔스들은 인지 혁명이 일어난 7만 년 전부터 농업 혁명이 일어난 1만 2000년 전까지 전 세계로 영역을 확장해 나갑니다.

사피엔스들은 아메리카 대륙에서 오세아니아 대륙까지 걸어서, 또는 배를 타고 퍼지기 시작합니다. 이들이 당도한 지역에서 원래 살던 인간 종들과 대형 동물들은 씨가 마르기 시작하죠. 사냥감들을 차지할 목적으로 떠난 이주 여행이었으니까요. 사냥감은 물론 이를 나눠 먹을 종들도 있으면 안 됐던 겁니다.

이 시기 상당히 많은 동물들이 멸종됩니다. 인간이 지구의 정상적인 생태계를 파괴한 것은 오늘날 갑자기 부상한 문제가 아니었던 거죠. 지구 역사에 비하면 인간의 존재 자체가 순간의 사건일 수도 있지만요. 유구한 역사를 지닌 지구에 순간적으로 나타난 인간이 생태계를 순식간에 파괴해버리고 있는 건지도 모르겠습니다.

이때 결정적인 또 하나의 전환이 일어납니다. 두 번째 단계의 혁명이자, 인류의 존재 양태를 바꾼 사건이죠. 바로 농업 혁명이에요. 그리고 유발 하라리는 농업 혁명을 인류 역사 최대의 사기라고 진단합니다. 왜냐하면 농부들은 평균적으로 볼 때 수렵채집인들보다 더 많이 일하고 더 조금 먹게 되었으니까요.

하지만 농업 혁명이 인간의 생활 양식을 혁명적으로 바꿔놓았다는 것은 분명한 사실입니다. 수렵채집인들은 먹을거리를 찾아 끊임없이 이동하는 생활을 해왔습니다. 그러나 농사를 짓기 시작한 뒤 인간은 적어도 몇 개월 동안은 같은 장소에서 곡식을 재배하는 생활을 하게 됩니다. 정착을 하게 된 거죠. 정착 생활을 하려면 집이 필요합니다. 주거지를 계속 옮기는 것이 아니니까 세간살이도 늘어나지요. 세간살이가 생기니 한 번 이주하는 게 큰 일이 되어버립니다. 결국 정착 생활은 몇 개월로 끝나지 않게 됩니다. 협동을 위해 한 장소에 비슷한 집들이 생기면서 마을이 형성됩니다. 그리고 이 마을은 곧 국가라는 단위로 묶입니다.

사냥에 필요한 의사소통과 무리들을 엮는 데 필요한 집단이라는 개념이 '사회'라는 개념으로 발전하는 거죠. 150명 정도가 아니라 몇십만 몇백만을 통합하는 개념이 필요해진 겁니다.

상상의 질서가 만든 사회 시스템

이런 대규모 사회를 만들어가는 데 필요한 것으로 '계급, 법, 질서, 도덕' 같은 것이 있습니다. 유발 하라리는 그중 결정적인 것으로 '상상의 질서'를 뽑았습니다. 이 상상의 질서에 해당하는 것이 바로 '종교, 신화, 돈' 같은 것이죠. 유발 하라리는 이런 허구의 질서들이 대규모 사회의 질서와 협동을 가능하게 했다고 말합니다.

돈은 현실에 존재하는데 왜 상상의 질서라고 할까 의아할 수도 있을 텐데요, 돈이라는 시스템 자체가 상상의 산물입니다. 원래 인간은 물물교환을 했습니다. 그런데 실제 물건과 물건을 가지고 교환하는 데는 한계가 있어 금같이 그 가치를 대신해서 교환할 수단이 생겨났습니다. 그것도 곧 신용이라는 시스템으로 대체되는데요, 돈은 국가가 보증하는 신용거래 체제의 증표라고 할 수 있습니다. 요즘은 현찰 자체도 귀찮아서 잘 쓰이지 않고 카드나 앱 같은 수단이 물물교환을 대신하고 있지요. 은행에서 확인하는 통장 잔고 역시 전산상의 숫자로만 존재할 뿐이지 그만큼의 현물을 확인하지는 않습니다. 영화 〈다이하드 4〉에서 테러리스트들이 금융 시스템을 해킹해 엔터키 하나로 주인공인 브루스 윌리스가 평생 모은 경찰 연금을 없애버리는 장면은, 새삼 돈이라는 것이 상상 속의 약속에 불과하다는 것을 일깨워줍니다. 하지만 이 상상 속의 산물인 돈은 사람들을 일하게 해 사회 시스템을 돌아가게 하는 매우 중요한 역할을 하죠.

정착 생활로 인해 대규모 사회가 건설되었고, 이 사회를 유지하기 위해 상상의 질서와 문자 체계를 활용했습니다. 그 결과,

문화나 종교 같은 것들이 만들어진 것이지요. 이렇게 사회 시스템을 유지하는 데 필요한 것들을 갖춘 사피엔스들은 또 한 번의 혁명기에 들어갑니다. 바로 500년 전에 일어난 과학 혁명입니다.

우리가 '모른다'는 것을 알게 된 사피엔스

인간을 둘러싼 환경은 '그냥 주어진 것'이었는데 사피엔스들은 거기에 만족하지 못하고 그것이 왜 그렇게 존재하게 되었는지 묻기 시작했습니다. 갑자기 그렇게 되었다기보다는 몇 가지 사건이 계기가 되었죠. 예를 들어, 아메리카 대륙의 발견은 평평한 지구라는 환경을 그대로 받아들인 그전의 중세인들에게는 설명할 수 없는 일이지요. 지구가 동그랗다면 왜 떨어지지 않는지에 대한 설명이 필요하잖아요. 아이작 뉴턴이 만유인력의 법칙을 발견한 것은 시대가 그것을 필요로 했기 때문일 겁니다.

인간들은 그동안 지나치게 모르고 있었다는 것을 깨닫게 됩니다. 그래서 '왜'에 대해 파고들게 되었죠. 이 같은 사유의 도구가 되어준 것이 바로 '과학'입니다. 제국주의 군주들은 새로운 땅을 발견할 항해 기술을 개발하고, 그 땅을 정복할 신무기를 만들 수 있게 하는 매력적인 투자처가 '과학'이라는 것을 금방 알아차립니다. 이것이 과학 혁명이 일어난 배경입니다.

사물의 이치를 이해하고, 그것을 활용하면서 인간은 비약적으로 발전합니다. 산업혁명 이후 2세기에 걸친 변화는 너무나 빠르게 사피엔스들을 격변시켰습니다. 무엇보다 가장 큰 변화는 부족과 가족 체계가 무너지고 그 질서가 국가와 시장 체계로 바뀌었다는 점입니다. 사피엔스들은 매해 혁명이라고 불릴 정도로 광속의 역사에 올라타게 되었습니다. 이 역사는 언제 끝날까요?

인간은 올바른 방향으로 가고 있는가?

사피엔스가 살아온 과정을 보면 수많은 희생을 밑거름 삼아 지금에 도달했다는 것을 알 수 있습니다. 다른 종들과의 경쟁에서 승리해서 살아남은 것은 물론이고, 수많은 동물들을 멸종시켰으며, 지금은 지구 자체를 위협하고 있습니다. 미세먼지에 가득 찬 서울의 사계절을 보면 영화 〈인터스텔라〉에서 대기가 너무 오염돼서 결국 지구를 버리고 떠나야 하는 인간의 운명이 단순히 영화 속 한 장면으로만 느껴지지 않습니다.

제임스 러브록이라는 영국의 과학자에 의해 처음 주장된 '지구 유기체설'이라는 것이 있습니다. 그리스 신화에 나오는 대지의 여신의 이름을 따서 '가이아설'이라고도 하는데요, 지구가 하나의 유기체로 작동한다는 내용입니다. 지구를 하나의 생명체라고 할 때 인간이라는 존재는 바이러스나 다름없습니다. 지구의 균형을 깨버리고 환경을 파괴하는 생물체이니까요. 그래서 때때로 지구가 자연재해나 감염병 같은 대재앙을 일으켜 '인간'이라는 바이러스를 몰아내려고 시도한다는 게 가이아설의 핵심 내용입니다. 14세기에 유행했던 페스트는 전염력도 강하고 치사율도 높았던 죽음의 병이었습니다. 페스트로 인해 1347년부터 1352년까지 5년 동안 유럽 인구의 30퍼센트가 사망했습니다. 그런데 페스트의 시대가 지나고 나서 살아남은 자들은 경제적 호황의 시기를 구가했다고 해요. 그전만 해도 인구에 비해 물자가 부족해서 굶거나 병든 이가 많았는데, 물질적 풍요를 누리면서 이런 문제가 해결됐습니다. 실업으로 고통받는 이들이 많았는데, 인구가 줄자 고용이 활발해졌습니다. 역사상 처음으로 딸들에게 땅이 상속되는 일도 일어났습니다. 죽음의 시대가 생명의 시대로 급전환된 거죠.

가이아설에 의하면, 인간의 생존을 위협하는 전염병이 대유행하는 이유는 지구가 수용의 한계점을 초과해 그 균형을 유지하기 위해 발생하는 것입니다. 이 관점에 비춰보자면 2020년 전 세계를 강타한 코로나19 역시 이런 의미로 해석할 수 있습니다. 그러나 코로나19는 그 전염력과 치사율에 비하면 사망자 수가 상당히 적은 편이라고 할 수 있습니다. 물론 많은 사망자가 나왔지만, 1918년에서부터 1920년까지 유행한 스페인 독감이 비공식적으로 최대 1억 명의 사망자를 냈다는 것을 생각해보면, 상당히 잘 막아낸 셈이지요. 스페인 독감이 유행할 당시 세계 인구가 20억 명이었다는 것을 감안하면 괄목할 만한 성과입니다.

가이아설에 의하면, 코로나19는 생명을 유지하기 위한 지구의 노력이고, 코로나19를 버텨낸 인간은 스스로의 의지와 기술로 자연을 거스르고 있는 것입니다. 결국 인간에 의해 지구의 환경이 파괴되고 말 것이라는 전망은 잘못된 예측도, 그렇게 먼 미래의 예측도 아닐 수 있습니다.

그런데 여기서 묻고 싶은 게 있습니다. 인간은 행복한가요? 다른 종들을 멸종시키고 지구에 해를 가하면서까지 살아남은 인간은 과연 올바른 방향으로 가고 있는 걸까요? 리처드 도킨스는 『이기적 유전자』에서 "종들은 그 종의 DNA를 보전하기 위해 개체의 희생까지 감수한다"라고 이야기했습니다. 모든 종들은 자신의 종을 지속시키려는 욕구를 가지고 있다는 말인데요, 그런데 종의 이익을 위해 노력하다가 그로 인해 그 종이 살 만한 환경 자체가 없어져 모두 공멸의 길을 걷게 된다면 그것은 과연 그 종을 위한 일이라고 할 수 있을까요?

환경과 관련, 인간의 이기심은 지구의 희생을 강요합니다. 그리고 그 희생은 미래 세대를 위협하는 일이기도 합니다. 전기

자동차 회사인 테슬라의 오너이자 우주왕복선을 만드는 스페이스 X의 CEO 엘론 머스크는 화성 식민지가 우리 인류의 대안이라고 말한 바 있습니다. 그래서 2024년까지 화성에 사람을 보내는 것을 목표로 기술 개발에 매진하겠다고 밝혔습니다. 그러나 이것은 지구가 파괴되고 있는 것에 대한 근본적인 해결책이 아닙니다. 사피엔스들이 다음에 공격할 행성을 찾는 것에 불과합니다.

사피엔스는 지구의 빌런인가?

사실 해결책을 말하기 전에 먼저 하나의 전제를 정리해야 합니다. '우리'라고 칭할 때 과연 우리의 범위는 어디까지일까요? 좁게는 가족부터 넓게는 국가에서 인류까지 혹은 범위를 더 확장해서 지구 생태계 전부를 칭할 수도 있습니다. 우리의 범위에 따라 결론은 180도 달라질 수 있습니다.

영화 〈어벤져스〉는 타노스라는 빌런에 맞서 싸우는 히어로들의 11년에 걸친 마블의 사가Saga입니다. 그런데 여기 주목할 만한 포인트가 하나 있어요. 악당인 타노스의 목적이 20년 전 악당들이 목표로 삼았던 세계 정복이나 우주 정복이 아니라는 것이죠.

타노스가 전설의 스톤들을 찾아서 신의 힘을 가지려고 하는 이유는 지구를 비롯한 우주 전체적으로 볼 때 환경에 비해 인구 수가 너무 많아져서 그 수를 반으로 줄이기 위함입니다. 안 그러면 모두 다 공멸할 미래만 기다리고 있으니까요. 이에 맞서 싸우는 히어로들은 우주의 다른 생물체에는 관심 없습니다. 오로지 인간의 죽음을 막기 위해 싸웁니다. 거시적으로 보면 타노스의 해결책은 역사의 해결책이기도 합니다. 역사적으로 볼 때 인구가 너무 많아지면 전염병이나 전쟁 등을 통해서 적정 인구가 유지돼왔습니다. 하지만 영화에서는 결국 히어로들이 타노스와 싸워서 승리하게 됩니다.

인간의 입장을 벗어나 생태계 차원에서 본다면 과연 이 지구의 빌런은 누구일까요?

자연선택을 지적 설계로 대신한 인간

유발 하라리는 최종적으로 사피엔스 종은 멸종될 것이라고 이야기합니다. 박테리아에 의한 전염병이나 최후의 전쟁인 라그나로크Ragnarøk에 의한 종말을 이야기하는 것이 아닙니다. 유발 하라리는 인류는 사피엔스라는 종을 버리고 새로운 종으로 나아가게 될 것이라고 예측합니다. 여기서 유발 하라리는 인간의 미래에 대한 질문을 던집니다.

발전한 과학은 에너지 고갈을 이겨내고 생물학적인 한계를 극복하며 새로운 인간을 만들어내고 있습니다. 유발 하라리는 이런 행위를 '자연선택'을 '지적 설계'로 대신한다고 표현했는데, 크게 '생명공학, 사이보그공학, 비유기물공학' 3가지 방법을 들었습니다. 이왕 〈어벤져스〉를 예로 들었으니 이 문제 또한 이 영화에 빗대 살펴봅시다. 쉽게 설명하자면 생명공학은 〈어벤져스〉의 캡틴 아메리카처럼 유전자가 조작되어 새로운 인류로 탄생하는 것이라 할 수 있습니다. 사이보그공학은 기계로 강화되는 아이언맨 같은 거죠. 그리고 비유기물공학은 컴퓨터에 인격을 부여해서 탄생한 비전이나 울트론 같은 새로운 형태의 생명체라고 하면 되겠네요.

그래서 이들은 지금의 사피엔스와는 다른 종이 될 것이라고 예측합니다. 그리고 유발 하라리는 이들이 지금의 인류와 가장 다른 점은 죽음이 선택 사항이 될 것이라는 점이라고 말합니다. 죽음으로부터의 자유는 고대부터 권력과 부를 가진 인간이라면 모두 꿈꿔온 비전입니다. 길가메시 프로젝트는 죽음을 극복하는 고대 신화에서 그 이름을 따온 데서 짐작할 수 있듯 바로 죽음을 정복하는 것을 내용으로 합니다. 죽음을 정복한 이를 우리는 신이라고 부르죠. 그래서 『사피엔스』에서는 새로운 인류를 "신이 된 인간들"이라고 부릅니다. 최근의 기술 발달 속도를 보면 2100년이면 현생 인류는 사라질 것이라는 유발 하라리의 전망이 억지스럽게만 느껴지지 않습니다.

미래에 대한 화두에 우리가 덧붙여 생각해볼 질문이 있습니다. 만약 선택할 수 있는 상황이라면 당신은 영생을 누릴 건가요? 예전에 tvN의 〈문제적 남자〉라는 예능 프로그램에 전문가 패널로 참여했을 때 명문대학교 입시 문제라면서 연예인 패널들에게 "1만 년을 살 수 있는 기회가 있다면 살겠는가?"라는 질문을 한 적이 있어요. 이 질문을 받은 6명 중 1명만 빼고는 모두 유한한 삶을 택했습니다. "삶이 지루할 것이다", "목표 없는 공허한 삶이 될 것 같다", "사람들과의 끝없는 이별이 힘들 것이다" 등 여러 가지 이유를 대면서 말입니다. 그러고 보면 인류에게는 아직 영생이라는 개념이 너무 버거운 것 같기도 합니다.

하지만 언젠가는 영생이 선택이 아닐 때가 올 겁니다. 그리고 그 '언젠가'가 생각보다는 빨리 올 수도 있습니다. 최근 들어 인류는 과학기술을 비약적인 속도로 발달시키고 있습니다. 불과 100년 만에 인류의 수명은 2배 가까이 늘어났어요. 이런 지수함수적 증가 추세라면, 50년이 지나면 평균 수명이 120세쯤 될지도 모릅니다. 노화의 비밀을 간직한 텔로미어 세포도 점점 해석되고 있기 때문에, 영화 〈벤자민 버튼의 시간은 거꾸로 간다〉에 나오는 벤자민 버튼처럼 인류는 거꾸로 나이를 먹어갈 수도 있을지도 모릅니다.

그러니 이 글을 읽고 있는 여러분 모두 영생과 상관없을 거라고 섣불리 확신하지 마세요. 지금 같은 기술 발전 속도라면 사피엔스 혁명 끝자락의 수혜 또는 재앙을 겪을 수도 있습니다. 그것이 수혜가 될 것인가 재앙이 될 것인가 하는 문제가 여러분에게 주어진 화두입니다.

다양한 지식으로의 출발역

모든 사람이 『사피엔스』의 관점에 동의하는 건 아닙니다. 오히려 불편해하는 시선도 꽤 있습니다. 하지만 개론서 성격을 띠고 있는 이 책이 전달하려는 이야기 자체가 흥미롭다는 건 누구도 부정하지 않습니다. 게다가 다양한 각론들이 소개되어 있어서 각 주제들을 살펴보는 것도 상당히 재미있어요.

독서광으로 소문난 페이스북의 CEO 마크 저커버그는 매해 몇 권의 책을 공식적으로 추천하는데요, 『사피엔스』를 가장 먼저 추천 책으로 뽑았습니다. 그리고 그다음 해에는 『사피엔스』의 종교 관련 챕터를 읽다가 흥미가 생겨 윌리엄 제임스의 저서 『종교적 경험의 다양성』을 읽고 추천하기도 했습니다. 이렇게 『사피엔스』는 종교, 국가, 행복론 등 다양한 지선으로 가는 출발역으로서의 역할을 하기에 충분합니다.

『사피엔스』는 이야기꾼이 썼다는 생각이 드는 책이에요. 이런 거대 역사를 다루는 책들은 대개 진지하기 마련입니다. 이른바 '엄근진'이라고 하죠. 엄격, 근엄, 진지의 준말인데요, 역사나 인류, 민족 등을 건드리는 책들은 '엄근진'에 충실한 경우가 많습니다. 그런 면에서 보자면 『사피엔스』는 정통에서 벗어나 있습니다. 그렇다고 가벼운 것은 아니고, 경쾌하다는 표현이 맞을 것 같네요.

이를테면 완전한 자유를 보장하는 시장 논리의 허점을 지적하며 "이론상으로는 물샐 틈 없는 논리 같지만, 현실에서는 물이 너무 쉽게 샌다"라고 서술하는 식입니다. 재치가 번뜩이면서도 날카로운 이런 말투는 자칫 어렵게 생각할 수 있는 거대 담론에 재미라는 매력을 심어줍니다. 그래서 『사피엔스』를 다 보고 나면 '지식이 늘었다'는 생각 이전에 '재미있다'라는 생각을 먼저 하게 돼요. 우리 시대의 고전이라는 일부의 찬사가 그리 과장되게 느껴지지 않는 이유이기도 합니다.

운은 인간의 발전에서 몇 퍼센트의 지분을 차지할까?

재레드 다이아몬드 『총, 균, 쇠』

#식물의 작물화   #동물의 가축화   #환경결정론

정말 백인은 흑인보다 우월할까?

『총, 균, 쇠』는 어렵기로 소문난 책입니다. 소문이 났다는 건 이 책이 읽기 어려운 책임에도 불구하고 그만큼 많은 사람들이 읽을 필요성을 인지하고 있다는 뜻이기도 합니다. 많은 사람들이 언젠가는 읽어야겠다는 생각에 책꽂이에 꽂아놓았지만 그 언젠가가 좀처럼 오지 않는 책이지요.

재레드 다이아몬드가 이 책을 쓰게 된 동기는 뉴기니인 친구 얄리의 질문 때문이었다고 합니다. "당신네 백인들은 그렇게 많은 화물(문명의 발명품들)들을 발전시켜 뉴기니까지 가져왔는데 어째서 우리 흑인들은 그런 화물들을 만들지 못하는 겁니까?"

그러니까 더 대놓고 말하면, '백인이나 흑인이나 지능에는 큰 차이가 없는데, 왜 백인의 문명만 발전해서 역사의 주역이라도 된 것처럼 굴고 있느냐?'는 이야기죠.

인종도 아니고 그보다 더 범위가 좁은, 민족별로 유전자의 우수성이 차이가 난다는 편견은 20세기를 지배했던 강력한 믿음이었습니다. 이런 편견의 이론적 기초는 찰스 다윈의 『종의 기원』에서 다져집니다. 다윈은 이 책에서 "주어진 환경 조건에서 유리한 유전인자를 가진 개체가 그렇지 않은 개체보다 생존율이 높아진다는 자연선택"을 이야기합니다. 다윈은 이를 생물종에 국한시켰지만, 사람들은 곧 이 개념을 사회에 적용시켰어요. 예를 들어, '최대 다수의 최대 행복'이라는 공리주의로 유명한 19세기 영국의 철학자 허버트 스펜서는 "게으른 사람이 소멸되는 것은 자연적인 일이다. 약자를 돕는 복지 정책은 '적자생존'이라는 자연법칙에 역행하고 그 결과 허약한 형질을 퍼뜨리는 국가 정책"이라면서 복지라는 개념 자체를 강력히 비판했습니다. 그러니까 가난은 본인이 게을러서 생긴 결과이므로 적자생존의 법칙에 따라 도와줄 필요가 없고, 굶어 죽더라도 그대로 놓아두어야 한다는 비정한 말입니다.

스펜서가 살았던 이 시기에 유전학자인 프랜시스 골턴은 우생학을 창시합니다. 스펜서가 다윈의 적자생존을 사회학적 이론에 적용했다면, 골턴은 이를 과학에 적용합니다. 우생학은 유전적으로 좋은 형질만 후세에 남겨 결과적으로 인류를 조금 더 나은 종으로 개량하기 위한 연구를 하는 학문이었거든요. 그런데 이를 다른 말로 해보면 좋은 형질은 남기고 나쁜 형질은 절멸시켜야 인류를 위한 우수한 종만 남는다는 뜻이 됩니다. 우생학에 기초한 우생법안이 국가적으로 시행되기도 했는데요, 이를테면 미국에서는 정신병자나 알콜중독자 같은 사람들을 잡아다가 강제로 거세시키는 법안들이 시행되었어요.

여러분과 거리가 먼 얘기 같지만 이렇게 한 번 상상해보세요. 술 좋아하는 사람들 많잖아요. 어느 날 필름이 끊기도록 술을 먹고 정신을 차려보니 강제로 수술 당해서 거세되어 있다고요. 1930년대 대공황기 때 불임수술법이 통과되었으니 100년도 채 안 된 이야기입니다.

우생학적 사고가 극으로 치달아 발현된 사건이 바로 아돌프 히틀러의 유대인 학살입니다. 독일인들은 유전적으로 우수한 인종들인데 열등한 민족인 유대인들 때문에 피의 순수성이 훼손되고 있다며 유대인들을 잡아다가 가스실로 보내 죽게 만든 사건입니다. 인류사에서 가장 불행한 사건 중 하나인 유대인 대학살을 보며 사람들은 비로소 우생학의 무서움을 깨닫고, 우생학적 법안을 폐기시켰습니다.

우생학적으로 설명하면 나라별로 발전의 정도가 다른 이유를 간단하게 댈 수 있습니다. 그 민족이나 그 인종이 열등한 형질을 가지고 있기 때문이라고 말입니다. 하지만 그런 편견을 제거하고, 나라별 발전에 차이가 나는 이유를 설명하기란 쉽지 않습니다.

다른 나라보다 빨리 발전할 수 있었던 이유가 운 때문이라고요?

재레드 다이아몬드는 '문명 발전 정도에 있어 백인과 흑인이 차이 나는 이유는 무엇일까?'라는 얄리의 질문을 조금 더 일반화시켜서 '인류의 발전은 왜 각 대륙에서 다른 속도로 진행되었을까?'라고 질문을 확대했어요. 그리고 바로 이 질문에 대답하기위해 『총, 균, 쇠』를 썼습니다. 이 책을 한마디로 정리하는 것은 놀랍도록 간단합니다. '인류 문명의 발전 속도가 다른 것은 바로 총, 균, 쇠 때문이다.' 이렇게 말입니다.

그런데 '총, 균, 쇠'는 직접적인 이유이고요, 문명 발전의 차이를 만들어낸 보다 근본적인 이유를 알아보기 위해선 한 단계더 들어가봐야 합니다. 이렇게 말입니다. '각 대륙의 발전 속도에 차이가 난 것은 인종적, 역사적 요인 때문이 아니라 지리 환경적 요인 때문이다.' 어느 지역에 나라가 위치해 있느냐에 따라 발전 정도에 차이가 난다는 얘기입니다.

그런데 나라의 위치야말로 타고나는 거잖아요. 그래서 700페이지를 훌쩍 넘는 대장정의 독서를 끝내고 다다르는 결론은 조금은 허무하게도 '운'입니다. 운이 좋아서예요. 이걸 '환경결정론'이라고 부르는데, 태어난 환경에 따라 민족이나 국가의 운명이 정해진다는 얘기입니다.

식물의 작물화와 동물의 가축화

『총, 균, 쇠』는 2가지 핵심 개념만 잘 알아도 절반을 이해했다고 할 수 있습니다. '식물의 작물화'와 '동물의 가축화'가 바로 그 핵심 개념인데요. 이 2가지가 결국 문명 발전의 차이를 만들어낸 결정적 요소라고 할 수 있습니다. 식물을 작물화해서 수렵 생활에서 농경 생활로 빨리 전환할 수 있었던 사람들, 그리고 동물을 가축화해서 수렵하지 않더라도 고기를 공급받고 가축들의 노동력을 농사짓는데 쓸 수 있었던 사람들이 그렇지 않은 사람들보다 빨리 발전해서 보다 우수한 문명을 이룩해낼 수 있었습니다.

그런데 모든 식물이 작물이 될 수 있는 것은 아니거든요. 사람이 먹지 못하는 것도 많고, 작물로 길들이기 어려운 것도 많습니다. 키우더라도 효율성이 떨어지는 것도 많지요. 20만여 종의 야생식물 중 인류가 먹을 수 있는 것은 수천 종밖에 안 되고, 현재까지 작물화된 것은 수백 종에 불과합니다. 그나마 대부분의 작물이 그냥 가끔 먹는 보조적인 역할을 할 뿐이고, 주로 먹는 작물은 12가지밖에 되지 않습니다. 밀, 옥수수, 벼, 보리, 수수, 콩, 감자, 마니오크, 고구마, 사탕수수, 사탕무, 바나나가 12대 농작물인데요, 이 작물들이 전 세계 농작물 생산량의 80퍼센트를 차지하고 있습니다.

마니오크는 남아메리카에서 생산되는 작물로, 한국인들에게는 좀 생소합니다. 이 작물을 불어권에서는 마니오크라고 부르지만 영어식 이름은 카사바cassavva입니다. 한때 우리나라에서 카사바 칩이 유행한 적이 있지요.

12대 농작물 중 바나나가 있는 것은 좀 의외입니다, 정말 흔한 과일이라는 뜻이잖아요. 제가 어릴 적 바나나는 굉장히 고가의 과일이었어요. 은행에서 근무하시던 저희 아버지가 해외여행이 자유화되기 전(한국은 1988년 올림픽을 계기로 1989년이 되어서야 해외여행을 자율적으로 갈 수 있게 되었어요. 그전에는 해외여행 가는 것이 공무나 출장 같은 이유 아니면 어려운 일이었답니다)에 일본으로 출장을 가신 적이 있는데, 한국에서는 월급날이나 되어야 큰마음 먹고 한 번 살 수 있는 바나나가 너무 싸길래 정신없이 먹다가 배탈이 났다는 이야기를 해주신 적이 있을 정도였지요.

바나나는 열대 지방에서는 지천으로 널려 있지만 한국에서는 아예 나지 않고, 수입마저 엄격하게 통제되어 아주 고가의 과일로 팔렸습니다. 식물이 작물화되었을 때 지역적 차이가 나면 어떻게 되는가를 잘 보여주는 사례라 할 수 있어요. 밀이나 벼 같은 곡류를 재배하기 쉬운 곳은 아무래도 이런 농산물을 확보하는 게 용이했지요. 반면 곡류가 자라기 어려운 기후나 토양을 가진 곳은 안정적으로 식량을 확보하는 것 자체가 어려워 수렵과 채집을 통해 근근이 먹고 살게 됩니다.

'총'과 '쇠'의 등장

농사에는 기후와 토양도 중요하지만 농사를 짓는 도구도 중요합니다. 그 도구 중 가장 중요한 것이 바로 가축이에요. 애완용이나 식용을 제외하고는 최소한 몸무게가 45킬로그램 이상 되어야 농사를 지을 때 노동력으로 이용할 수 있으니 20세기 이전에 가축화될 수 있었던 동물은 14종뿐이었습니다. 양, 염소, 소, 돼지, 말은 보편적으로 모든 지역에서 유용했지요. 단봉낙타, 쌍봉낙타, 라마, 당나귀, 순록, 물소, 야크, 발리소, 인도소는 특정한 지역에서만 유용했습니다. 그러니까 보편적으로 가축화 가능한 종도 상당히 제한적이라고 이야기할 수 있습니다.

그렇다면 농사가 성공적으로 이루어지려면 작물이 잘 자랄 만한 환경과 가축이 될 만한 동물이 서식하는 환경의 교집합이 필요합니다. 이 교집합이 이루어지는 지역에서 농사를 풍요롭게 지을 수 있는 거죠.

농사에 성공해 풍작이 들면 그해 다 못 먹고 남은 농산물이 발생합니다. 이를 잉여농산물이라고 하는데, 잉여농산물이 재산이 되고, 재산은 곧 계급을 발생시키는 원인이 됩니다. 잉여생산물 때문에 등장한 비생산 계급들은 기술을 발전시킵니다. 이들은 직접 농사를 짓는 것은 아니지만, 농사를 짓는 데 효과적인 여러 가지 기술들을 연구합니다. 그중에 쇠를 사용해서 농기구를 만드는 것도 포함되죠. 바로 이것이 『총, 균, 쇠』 중 '쇠'에 해당합니다. 사실 '쇠'는 철기를 지칭하는 것이기는 하지만, 조금 더 은유적으로 보면 기술을 의미합니다. 잉여생산물 덕분에 생겨난 비생산 계급들의 연구가 기술 발전으로 연결된 겁니다.

기술 발전은 단순히 농업 생산성만 개선시키지 않았습니다. 계급과 집단은 곧 국가가 되고, 국가는 조금 더 넓은 영토를 확보하고 농사를 짓고 세금을 낼 국민들을 확보하기 위해 정복 전쟁에 나섭니다. 그래서 발달한 것이 무기입니다. 농기구를 날카롭게 갈면 그대로 무기가 되지요. 그것이 바로 '총'입니다. 물론 무기를 무디게 만들면 농기구가 되기도 합니다. 하지만 역사를 돌아보면 쇠를 가졌을 때 인간은 언제나 농기구보다 무기로 쓰는 데 몰두했습니다. 바로 정복이라는 욕망의 이름으로 말입니다.

우주의 반을 쓸어버린 타노스의 핑거스냅보다 무서운 '균'

정복 전쟁은 고대 사회에서만 있었던 일시적인 현상이 아닙니다. 지금도 끊이지 않고 일어나는 일이지요. 명분만 다르지 자국의 이익을 위해 전쟁에 나서는 것은 예나 지금이나 똑같습니다.

중세 시대에도 이런 정복 전쟁이 일어났는데요, 고대와는 다르게 중세 시대에는 항해술이 발달하면서 전 세계적인 차원으로 이동이 일어납니다. 그러니까 인접 지역과의 전쟁이라는 한계를 벗어나 먼 지역까지 정복 전쟁을 떠나게 된 거죠. 앞서 살펴보았던 『사피엔스』에서 유발 하라리는 세 번째 혁명인 과학 혁명의 직접적인 계기는 기술 발전에 돈을 투자하면 정복 전쟁을 통한 식민지 확보에 나섰을 때 유리하다는 유럽 군주들의 깨달음이라는 이야기를 했습니다.

'총'을 든 유럽인들은 새로운 땅을 찾아 항해를 떠납니다. 그리고 세계의 이곳저곳에 도착하죠. 그런데 정복 전쟁에 나선 유럽인들조차 전혀 예상하지 못한 일이 일어나요. 새로운 땅을 정복할 때 자신들의 '총'보다 '균'이 유용하다는 것을 알게 된 거죠.

　가축화된 동물들은 여러 가지 병원균을 가지고 있었는데, 일찍부터 가축화된 동물들과 함께 삶을 영위한 사람들은 이 균에 내성이 생겼습니다. 그러니까 유럽인들은 가축들에게서 옮겨지는 균에 내성이 생긴 반면 그 밖의 대륙에 살던 사람들은 이 균에 저항할 방법이 없었습니다. 유럽인들은 의도치 않게 낯선 대륙에 상륙하는 동시에 균을 풀어놓게 됩니다. 그리고 이 낯선 병원균 때문에 원주민들은 떼죽음을 당하지요.

　『총, 균, 쇠』에서는 프란시스코 피사로가 168명의 스페인군을 데리고 8만 대군의 잉카제국을 몰살시킨 일을 예로 듭니다. 사실 잉카의 병사들은 대부분 총에 맞아 죽은 게 아니라 균에 맞아 죽었다는 겁니다. 또한 북미대륙의 주인이었던 인디언들의 인구 수는 2000만 명 정도에 달했지만 콜럼버스가 신대륙에 도착한 후 전파한 유럽의 전염병 때문에 100~200년에 걸쳐 약 95퍼센트나 감소했습니다. 이때 유행한 전염병, 그러니까『총, 균, 쇠』에서 '균'의 정체는 바로 천연두입니다. 지금이야 이 병의 정체를 알아내 완치 가능하지만 당시 원주민들에게는 죽음의 병이었던 거죠.

　미국의 엔터테인먼트 회사 마블은 11년에 걸쳐 여러 히어로 영화를 만들었는데, 그 대미를 장식한 것이 바로 〈어벤져스〉라는 영화입니다. 〈어벤져스〉의 빌런인 타노스는 핑거 스냅으로 우주의 50퍼센트를 소멸시키는데요, 95퍼센트의 치사율이었던 천연두는 이 최강 빌런이 가진 건틀렛이라는 무기보다도 균이 훨씬 더 위협적인 무기라는 것을 잘 보여준다고 할 수 있습니다.

그러고 보니 SF소설의 효시라고 일컬어지는 H. G.웰스의 『우주전쟁』에서 지구를 침공한 외계인들을 쓰러뜨린 것은 결국 지구에 있었던 병원균이라는 설정도 있었죠.

인류의 불평등을 야기한 지리적 환경 요인

동물의 가축화와 식물의 작물화는 환경의 문제이기도 하지만 노하우의 문제이기도 합니다. 이런 노하우들이 공유된다면 작물을 잘 재배하지 못하고 동물을 잘 키우지 못하는 사람도 동물의 가축화와 식물의 작물화에 성공할 수 있습니다. 지금처럼 인터넷을 통해 빠르게 공유된 것은 아니지만 노하우는 사람과 사람을 통해 조금씩 전파되었어요.

그런데 그 노하우도 비슷한 환경에 적용되게 마련입니다. 수많은 요리 레시피 중에서 왜 유달리 백종원의 레시피가 주목받는 걸까요? 대중이 좋아하는 보편적인 맛을 추구하는 방향성 때문이기도 하지만, 그의 레시피는 보편적인 환경을 전제로 하기 때문에 누구나 쉽게 따라할 수 있어서 인기가 많을 수밖에 없습니다. 백종원의 레시피는 어려운 계량을 요하지 않아요. 어느 집에나 있는 종이컵이나 숟가락으로 계량하는데요. 5분의 1리터 하는 식이 아니라 종이컵 반 정도 하는 식으로 알려주기 때문에 쉽게 따라할 수 있죠. 원래 요리를 잘해서 먹는 집이라면 계량컵 정도는 있겠지만, 모처럼 요리 한번 해보려고 마음먹은 자취생이라면 계량컵의 존재 자체가 문턱이 되거든요. 하지만 자취생의 방에도 소주잔 겸 맥주잔 역할을 하는 종이컵은 거의 대부분 있습니다.

이처럼 환경이 어느 정도 비슷해야 따라할 수 있어 노하우가 되지 전혀 다른 환경에서 노하우는 그 가치를 잃습니다. 따라할 수 없는 노하우는 더 이상 노하우가 아니죠. 식물을 작물화하는 노하우와 동물을 가축화하는 노하우를 알려줘도 비슷한 환경이 아니면 노하우로 작동하지 않을 수도 있습니다. 그래서 동물의 가축화와 식물의 작물화는 동서방향으로 축을 이루는 (그러니까 기후적으로 비슷한) 유라시아 대륙에서는 쉽게 전파되었지만, 남북으로 축을 이루는 아프리카나 아메리카는 기후가 다르다 보니 전수될 수 없었죠. 이것이 바로 유라시아 대륙이 중세 시대까지 인류 역사의 중심이었던 이유입니다.

다른 내륙에서도 분명 역사는 흘렀지만, 우리가 흔히 동양과 서양 문명이라고 가르는 문명의 역사에는 사실 유럽과 아시아

만 존재할 뿐입니다. 북미 대륙이나 호주는 유럽인들의 이주로 나라가 만들어졌지 원주민들이 나라를 발전시켰다고 보기는 힘 드니까요.

동서로 뻗은 유라시아 대륙은 육로로 연결되다 보니 동물화, 작물화뿐만 아니라 기술, 무기 역시 전파되기 쉬웠습니다. 실크 로드 같은 교역로를 따라 동서로 활발한 교역이 이루어지면서 다양성에 노출되고 다양한 노하우가 전파되면서 여러 가지 면 에서 생존에 유리해졌습니다. 반면 고립적이었던 아프리카나 아메리카 대륙은 이런 점에서 상당히 불리했습니다.

오늘날 인류는 사실 문화적 불평등을 겪고 있습니다. 어떤 나라는 부와 그에 따른 풍요로운 문화가 넘쳐흐르고, 또 어떤 나라는 굶주림과 가난이 덮고 있습니다. 그렇게 된 이유는 인종 적 우수함이나 DNA의 차별화 때문이 아니라 대부분은 '지리적 환경 요인 때문'이라는 것이 『총, 균, 쇠』가 몇 번이고 강조하는 결론이에요. 바로 이 '환경결정론'이 어렵고 산만하고 길기로 소문난 『총, 균, 쇠』의 핵심 메시지입니다.

지금 우리에게 『총, 균, 쇠』는 어떤 의미인가?

프리미어리그에서 골을 넣고 로커룸으로 들어가는 손흥민 선수에게 관중석에 앉아 인종차별적 제스처를 보내는 백인이 아직도 있습니다.

인종차별을 중대한 범죄로 취급하는 미국에서도 인종차별은 사라지지 않고 시시때때로 일어납니다. 우리나라 역시 인종차별에서 자유롭지 않습니다. 지하철역에서 떼 지어 서 있는 외국인을 봤는데 그중 한 명이 나와 눈길을 마주치더니 저돌적으로 뚜벅뚜벅 걸어온다고 상상해보세요. 그 외국인이 백인이라면 여러분이 가장 먼저 느낄 위협은 아마도 영어일 겁니다. '영어로 길 물어보면 어떡하지?' 이렇게요. 그런데 그 외국인 무리가 동남아 사람들이라면 신변의 위협을 느낄 수도 있습니다. 사회 문화적으로 볼 때 백인과 동남아 사람을 대하는 우리의 자세는 사실상 약간의 차이가 있습니다. 이것이 인종차별이 아니라고 할 수 있을까요?

외국인을 대하는 자세 차이에는 인종적 우등감이나 열등감이 작용하기 마련입니다. 이런 면에서 볼 때 잘 사는 나라와 못 사는 나라, 문명화된 나라와 그렇지 않은 나라의 차이는 인종의 능력치 때문에 발생하는 것이 아니라 그저 그 나라가 어디에 위치해 있었냐에 따라 야기되었다는 이야기는 우리에게 평등의 개념을 심어줄 수 있습니다.

교통이 비약적으로 발달해가는 요즘, 전 세계는 지구촌이라는 이름으로 단일 문화권처럼 되어가고 있습니다. 이렇게 세계인과의 거리감은 좁혀지는데, 아이러니하게도 인종차별이라든가 다른 나라에 대한 혐오 감정은 그 어느 시대보다 극심하다고 해도 과언이 아닙니다. 이런 상황에서 재레드 다이아몬드의 『총, 균, 쇠』를 읽어보는 것은 선택이 아니라 필수가 아닐까 합니다.

덧, 일본인은 어디에서 왔는가?

『총, 균, 쇠』 뒤편에는 재레드 다이아몬드의 논문 한 편이 부록처럼 실려 있습니다. 놀랍게도 그건 한국과 일본에 관한 이야기예요. 구체적으로는 일본인의 기원에 대한 이야기로, 제목은 〈일본인은 어디에서 왔는가?Who Are the Japanese? The history of Japan〉입니다.

　　일본인의 기원에 대한 학설은 크게 4가지가 있는데, 그중에서 2가지가 주로 거론됩니다. 많은 일본인들이 선호하는 학설은 B.C. 2만 년 일본으로 이주한 사람들이 일본 민족의 시초가 되었다는 설입니다. 또 하나는 많은 일본인들이 선호하지 않는 학설인데요, B.C. 400년을 전후해 벼농사 노하우와 함께 이주한 한국인의 후손이라는 것입니다.

　　재레드 다이아몬드는 이 논문에서 이런 학설에 대해 설명만

하고 끝내는 것이 아니라 자신의 주장도 정확하게 제시합니다. 재레드 다이아몬드는 후자, 그러니까 '일본인들의 기원은 한국인이라는 학설이 더 맞다'라고 판정합니다. 이게 혹시 한국에서 인기를 끌기 위해 한국판 『총, 균, 쇠』에만 붙어 있는 이야기인가 해서 외국판을 찾아봤더니 외국판에도 이 논문이 분명히 붙어 있더라고요.

재레드 다이아몬드는 자신의 주장에 다양한 증거를 붙여 논리적이고 신빙성 있게 설명합니다. 첫 번째 증거는 원래 일본에서 살던 '조몬인'이 야요이 문화彌生文化를 들여온 '야요이인'으로 대체되는데, 이 야요이인이 지금 현대 일본인들의 조상이거든요. 야요이 문화가 시작되면서 일본에선 문화적으로 많은 변화가 나타나는데, 그 대표적인 변화인 토기나 직조 기술, 장례 문화, 쌀 항아리 등이 이전의 조몬 문화繩文文化와 달리 한국적이었습니다.

원래 진화생물학자인 재레드 다이아몬드는 두 번째 증거로 유전학적인 비교를 내놓습니다. 고대 조몬인은 일본의 원주민이라고 할 수 있는 아이누인과 유사하지만, 현대 일본인의 조상인 야요이인은 한국 쪽 유전자와 유사하다고 말입니다.

재레드 다이아몬드는 조몬인이 현대 일본인의 조상이라는 학설 자체에 기본적으로 부정적인 태도를 취하면서 한국에서 이주한 사람들이 지금 일본인의 조상인 게 확실하다고 주장합니다. 다만 그게 대규모 이주였는지 아니면 소규모 이주였는지가 쟁점이라고 지적합니다. 하지만 소규모 이주라 해도 농경문화권에서의 인구 증가율을 감안하면 5000명이 이주했더라도 700년 후에는 500만 명이 되기 때문에 어찌 되었든 일본인의 주류가 되었을 것이라고 합니다.

이런 증거에도 불구하고 언어가 강력한 반증의 역할을 한다고도 말하는데요. 보통 이렇게 분화되었다면 언어가 거의 유사해야 하는데, 한국어와 일본어는 15퍼센트 정도의 유사성만 있을 뿐이라네요. 여기에 대해서 재레드 다이아몬드는 현대 한국어의 원류는 신라어인데, 사실 일본은 신라와 거의 교류가 없었다고 설명합니다. 삼국의 초기 연대기를 보면 고구려, 백제, 신라는 언어가 달랐다고 합니다. 저는 이 이야기를 읽으면서 약간 충격적이었는데요, 삼국이 하나의 언어를 써서 통일된 게 아니라, 삼국의 지형이 하나였기 때문에 결국 언어 역시 하나가 되었다는 이야기잖아요. 신라에 복속된 후 고구려와 백제의 언어는 후대에 거의 알려지지 않았다고 하는데, 일부 전해지는 고구려어 단어들을 보면 현대 한국어보다 오히려 옛 일본어와 더욱 유사하다고 합니다.

여기서 재레드 다이아몬드는 한 가지 재미있는 지적을 합니다. 왜 일본은 왕실의 기원을 충분히 연구할 수 있는데도 그러지 않고 있냐는 것인데요. 일본에서 가장 유명한 고고학적 유적으로 A.D. 300년에서 A.D. 686년 사이에 만들어진 158개의 고분군이 있는데, 일본 고대 왕가의 보물이 있을 것으로 추정된다고 해요. 이게 추정인 이유는 신성을 훼손할 수 없다는 이유로 일본 정부가 고분을 조사하지 않고 있기 때문입니다. 일본인들은 일본 왕실의 기원을 연구하는 것에 부정적인 것이지요. 그 이유에 대해서 재레드 다이아몬드는 "그 기원이 한국이기 때문일지도 모른다"고 슬쩍 꼬집죠. 신의 후손으로 추앙하는 일왕이 사실은 그 기원을 한국인에 두고 있다니, 일본 입장에서는 매우 곤란한 얘기입니다.

『총, 균, 쇠』를 쉽게 읽는 요령

『총, 균, 쇠』의 세계로 독서 여행을 떠나기 전에 주의 사항을 알려드릴게요. 『총, 균, 쇠』는 핵심 메시지를 비교적 간단하게 정리할 수 있는데도, 읽기 난해한 책으로 뽑히기 일쑤이고, 읽은 다음에도 도대체 무슨 이야기인지 모르겠다는 분들이 많습니다. 너무 잘난 척하는 느낌이라고 말하시는 분들도 있죠. 그건 재레드 다이아몬드가 이 책을 논문 쓰듯이 썼기 때문인 것 같아요. 논문은 한 가지 주장을 하기 위해 논거, 관찰, 실험 등 여러 자료를 가져다 놓아야 하거든요. 한 가지 주장을 위해 근거가 될 만한 10가지 사실이나 현상들을 나열하는데, 그게 너무 과하게 느껴지기도 하고 현학적으로 보이기도 해서 독자들에게 어렵게 받아들여지는 것 같아요. 같은 얘기인데, 계속 동서양의 여러 사례들을 나열하는 게 지겹다고 하는 분도 있으니까요.

그래서 실제로 이 책을 읽는다면 핵심 메시지를 정리하면서 반복되는 부분은 조금씩 건너뛰면서 읽어도 내용을 파악하는 데 큰 무리가 없습니다.

역사 이전 시대에도
사람이 존재했다

토머스 불핀치 『그리스·로마 신화』

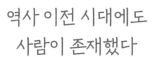

#헬레니즘   #헤브라이즘

『그리스·로마 신화』를 왜 읽어야 하는가?

『그리스·로마 신화』 하면 많은 분들이 아마 만화영화 〈올림포
스 가디언〉을 떠올릴 것 같습니다. 〈올림포스 가디언〉에서 제
일 유명한 장면을 꼽으라면 술의 신 디오니소스가 시인 오르페
우스에게 한 대사 "너 때문에 흥이 다 깨져버렸으니 책임져" 하
는 부분을 들 수 있습니다. 오르페우스가 아름다운 하프를 들고
연주하자 록기타 사운드가 흘러나오며 사람들이 어색하게 춤을
추는 이 장면은 여러 가지 패러디를 만들어내며 수많은 인터넷
'짤'을 생성하기도 했죠.

그런데 〈올림포스 가디언〉 이전에도 『그리스·로마 신화』는 그야말로 스테디셀러였습니다. 판본도 여러 가지인데요, 가장 유명한 판본은 토머스 불핀치가 정리한 책일 겁니다. 그래서 『그리스·로마 신화』는 보통 토머스 불핀치의 판본으로 주로 회자되곤 합니다.

서양 문화를 설명하려면 두 축, '헬레니즘과 헤브라이즘'을 알아야합니다. 헤브루Hebrew는 우리가 잘 아는 히브리와 같은 말입니다. 이스라엘 민족, 그러니까 유대인들을 일컫는 말이지요. 헤브라이즘은 유대교에서 나와 이후 로마제국을 타고 세계로 뻗어 나가 지금은 전 세계적인 종교가 된 기독교 문화를 뜻합니다. 역사가 시작되고 유럽을 지배한 것은 가톨릭이었습니다. 가톨릭에 반하는 종교개혁으로 등장한 프로테스탄티즘 이념 하에 세워진 것이 지금의 미국입니다. 이런 전개를 듣고 나면 서양 문화를 살펴볼 때 기독교와 역사를 연결시키는 것은 아주 당연한 것으로 느껴집니다.

유럽의 미술관에 가보면 기독교와 서양의 문화가 얼마나 깊숙이 연결되어 있는지 눈으로 확인할 수 있습니다. 한국인들에게 14세기 이전 작품들은 조금 뻔하고 재미가 없어 보이는 게 사실입니다. 14세기 전에는 그림을 그릴 때 거의 무조건 성경의 내용을 담아야 했거든요. 성화聖畫를 그리다 보니 파격은커녕 약간이라도 창작적인 시도가 이루어지면 불손한 일이 되어버릴 수도 있었으니, 그림은 늘 정형화될 수밖에 없었습니다. 한국인 가운데는 성경의 내용을 잘 모르는 사람도 많아서 그림의 내용도 잘 와닿지 않아요. 반면 서양인들은 꼭 신앙심 때문이 아니더라도 성경을 문화로써 알고 있는 경우가 많아 조금 더 쉽고 재미있게 감상하더라고요.

하지만 서양 문화를 이렇게 헤브라이즘의 배경 하에서만 판단하는 것은 반쪽짜리 이해입니다. 이런 경향에 반기를 든 것이 바로 르네상스운동입니다. 과거 그리스·로마 시대의 인간 중심으로 돌아가자는 것이 르네상스운동의 핵심 맥락입니다. 헬레니즘은 그리스·로마 시대의 문화 전통을 일컫는 말입니다. 로마제국의 몰락과 함께 시작된 중세는 신이 지배하는 세계였습니다. 그러다 보니 인간성이 말살되고 신의 말씀만 존재하는 시대였지요. 그래서 르네상스운동은 과거 신과 인간이 어우러져 살며 신조차 인간적이었던 인간 중심의 시대인 『그리스·로마 신화』로 돌아가자고 목소리를 높입니다.

헤브라이즘 문화의 정수가 성경이라면, 헬레니즘 문화의 정수는 『그리스·로마 신화』라고 할 수 있어요. 성경을 보는 이유가 신을 만나기 위해서라면, 『그리스·로마 신화』를 보는 이유는 인간을 발견하기 위해서입니다.

사랑으로 야기되는 욕망과 갈등

『그리스·로마 신화』를 쭉 보면서 느낀 것은 비슷한 이야기가 등장인물만 달리해서 계속 반복된다는 점이에요. 크게 2가지 스토리가 있는데요, 하나는 그리스·로마 성(性)화, 이렇게 말하는 건 좀 그렇고 애(愛)화 정도라고 할까요. 사랑에 빠진 연인들의 이야기가 주를 이룹니다. 재미있는 건 신들끼리의 사랑 이야기보다 신과 인간의 사랑 이야기에 초점이 맞추어져 있다는 겁니다. 제우스와 그의 연인들에 대한 이야기가 갈등의 서막을 엽니다. 제우스의 부인 헤라는 신들의 왕인 제우스에게는 어쩌지 못하고 질투에 사로잡혀 제우스와 사랑에 빠진 인간 여자들에게 해코지합니다. 상대편 여자에게만 화풀이하는 헤라도 알고 보면 불쌍한 여신이라는 생각이 드네요.

올림포스 12신 중 형제인 포세이돈, 하데스, 그리고 아내이자 누나인 헤라를 제외한 8명의 신 중 7명이 모두 제우스의 자식입니다. 아버지는 제우스이지만 엄마는 다 다르죠.『그리스·로마 신화』에 나오는 많은 신들이 제우스의 자식이에요. 제우스는 인간과의 사이에서도 자식들을 두죠. 미케네 왕족 암피트리온의 아내 알크메네가 미모와 지혜로 널리 알려지자, 제우스는 전쟁터에서 돌아온 암피트리온으로 가장하고 알크메네를 속여서 자식을 잉태하게 해요. 그 인물이 바로 헤라클레스입니다.

이렇게 제우스가 어떻게 여신 또는 여자에게 접근해서 자식을 얻게 되었는지에 대한 이야기가 상당히 많이 나오는데요. 읽고 있으면 막장 아침 드라마가 따로 없어요. 『그리스·로마 신화』는 이처럼 사랑을 바라보는 시각이 아주 관대합니다. 이는 제우스뿐 아니라 다른 신에게도 마찬가지입니다. 그런데 여기서 흥미로운 건 사랑을 이어주는 신 에로스가 관계되는 경우예요. 에로스가 쏜 화살을 맞으면 사랑에 빠진다는 건 여러분도 아실 텐데요.

에로스의 화살을 둘러싼 재미있는 이야기가 있습니다. 자신의 화살에 상처 입어 에로스가 프시케를 사랑하게 되기도 하고요. 에로스의 엄마 미의 여신 아프로디테는 아들 에로스와 놀다가 화살에 찔리기도 하는데요, 화살에 맞으면 어떻게 될지 잘 알고 있던 아프로디테는 다행히 그 순간 에로스를 급하게 밀어내고 다른 쪽을 쳐다봅니다. 그래서 인간 남자 아도니스와 사랑에 빠지죠.

사랑이 있다면 이별이 있고 이야기가 시작되면 결말이 있습니다. 『그리스·로마 신화』의 사랑 이야기에서도 이야기의 끝은 주로 이별입니다. 신들이야 이별에 수반되는 고통이 크게 문제되지 않아요. 요정이나 인간이 그 불행을 짊어지고 죽는데, 죽고 나서 꽃이 되는 경우가 많더라고요. 아도니스 역시 그런 운명을 겪습니다. 아프로디테의 사랑을 받은 인간 아도니스는 사냥을 나갔다가 멧돼지에게 공격을 받아 죽습니다. 그것을 슬퍼한 아프로디테가 아도니스의 피에 신들의 음료인 넥타를 뿌렸더니 거기서 꽃이 피어나는데요. 이 꽃이 바로 아네모네입니다. 우리 말로는 바람꽃이라고 하는데, 꽃말이 많기로 유명한 꽃이랍니다. '배신, 속절없는 사랑, 기대, 기다림, 사랑의 괴로움, 허무한 사랑, 이룰 수 없는 사랑, 사랑의 쓴맛' 같은 것들인데요, 전체적으로 이별 후의 감정을 말하는 것 같죠.

서구권에서는 꽃의 유래를 설명하기 위해 이렇게 신화를 가져다 붙인 경우가 많습니다. 격정적이지만 불행한 사랑의 끝에 꽃이 남는다는 것은 어쩌면 사랑의 본질을 그대로 투영한 표현이 아닐까요? 한때는 화려했지만 예고도 없이 매정하게 져버리는 꽃의 허무함은 우리가 '사랑'이라고 부르는 것과 매우 닮아 있으니까요. 너무 시니컬한가요?

신의 탈을 쓴 인간들

『그리스·로마 신화』에서 또 하나의 큰 이야기 줄기는 경쟁과 자만으로 큰코다치고 마는 인간들의 스토리입니다. 신과 인간이 사랑에 빠지는 일이 비일비재했던 만큼 그리스·로마 시대에 신과 인간의 관계는 긴밀했는데요, 그중에서도 신에 버금가게 무예가 출중하다든가 용모가 출중한 인간이 있었어요. 간혹 이런 이들 가운데 신들에게 인정받아 신이 되거나 별자리가 되는 경우도 있었지만, 많은 경우 자만에 빠져서 벌을 받는 쪽으로 이야기가 전개됩니다. 완벽한 인간은 없는 법입니다. 아무리 완벽해 보이는 인간이라도 허물이 있고, 결국 그 허물에 발목이 잡혀서 문제가 일어나지요.

그러나 신이라고 해서 완벽한 것도 아닙니다. 『그리스·로마 신화』는 신들의 이야기지만 많은 사람들이 이 신화에서 인간을 발견하게 되는 것은 신이 신 같지 않아서 그렇습니다. 신인데도 시기, 질투, 경쟁, 실수 등 인간적인 허물들을 다 가지고 있거든요.

토머스 불핀치는 트로이 전쟁에 대한 이야기를 이렇게 시작합니다.

아테나는 지혜의 여신이지만 이해 안 될 정도로 어리석은 일을 저지른 적이 있었다. 아름다움을 얻고자 헤라와 아프로디테와 경쟁한 것이다.

지혜의 여신이 '지知'를 가지고 경쟁한 것도 아니고 '미美'를 가지고 경쟁하잖아요. 지혜의 여신이 이런 어리석은 일을 저지르다니, 말이 안 되죠. 그냥 지혜로운 사람도 아니고, 지혜를 관장하는 '신'인데 말입니다. 그러니 『그리스·로마 신화』에 묘사된

신은 신이라기보다는 잘난 인간에 가깝습니다. 아무리 잘나도 인간은 어딘가 결함을 갖고 있기 마련이지요.

미 쟁탈전이 시작된 건 불화의 여신 에리스가 두고 간 사과 때문이었습니다. 신들의 파티에 초대받지 못한 에리스는 사과에 '가장 아름다운 여신에게'라는 문구를 적어 잔칫상에 올려놓고 사라지는데요. 이것을 누가 가져야 하는지 갈등이 생기자 세 여신은 신들의 왕 제우스에게 판정해달라고 합니다. 그러나 아무리 신들의 왕이라 할지라도 누구를 선택하든 나머지 두 여신에게 원망을 살 게 불 보듯 뻔한 일이었지요. 귀찮아진 제우스는 결국 파리스라는 목동에게 사과의 주인을 결정하라고 책임을 미뤄버립니다. 어떤 결정을 내려도 선택되지 않은 두 여신의 원망을 받을 것을 알고 있었기 때문이죠. 파리스가 결정권을 가지자 헤라는 파리스에게 권력과 부를, 아테나는 전쟁에서의 승리를, 그리고 아프로디테는 가장 아름다운 여인을 약속합니다. 그러자 파리스는 냉큼 아프로디테에게 사과를 줘버립니다. 따지고 보면 부정과 뇌물로 점철된 심사였던 거죠.

그런데 아프로디테는 왜 하필 이미 유부녀가 된 헬레나라는 여성을 파리스와 맺어준 것일까요? 아침 드라마 막장 스토리와 다를 바 없는 이야기이지만, 어쨌든 이 거대한 갈등으로 트로이 전쟁의 서막이 열립니다. 자신의 아내를 찾으려는 메넬라오스가 트로이로 도망친 파리스를 찾아 원정길에 오른 것이죠.

헬레나는 미녀의 아이콘인가, 분쟁의 아이콘인가

헬레나는 괴테의 『파우스트』에도 등장합니다. 『파우스트』는 2부작으로 되어 있는데, 악마 메피스토펠레스에게 영혼을 판 파우스트 박사의 이야기입니다. 파우스트 박사가 영혼을 판 이유는 아름다운 여성 그레트헨을 보고 사랑에 빠져 젊음을 원했기 때문입니다. 그런데 2부에서는 완전히 다른 이야기가 나옵니다. 독일 황제가 재정 파탄에 이르자 파우스트와 메피스토펠레스는 화폐 발행을 해서 독일 황제를 위기에서 구해냅니다. 이들의 능력을 확인한 독일 황제는 내친 김에 파우스트에게 엉뚱한 요구도 하는데요, 바로 트로이 전쟁의 원인이 되었던 미녀 헬레나를 내놓으라는 겁니다. 헬레나를 찾아내긴 하지만 금사빠 기질이 있던 파우스트는 헬레나를 황제에게 보내지 않고 자신이 그녀와 결혼해 아들 오이포리온을 낳아요. 오이포리온은 이카루스처럼 하늘을 날려고 시도하다가 추락해서 죽죠. 그러자 헬레나도 같이 사라집니다.

그러고 보면 헬레나는 '미녀'의 아이콘이라기보다는 '분쟁'의 아이콘이 아닌가 싶어요. 이렇듯 유사해 보이는 헬레나에 대한 공통적인 설정은 우연의 결과물이라기보다는 서양권의 창작물이 헬레니즘 문화를 토대로 하기 때문입니다.

다시 『그리스·로마 신화』 이야기를 해볼까요? 『그리스·로마 신화』는 신들의 인간적인 허술함 때문에 거룩하고 신성한 이야기라기보다는 인간 군상의 욕망과 갈등, 성공과 실패의 이야기로 우리에게 남는 것 같습니다. 신의 모습을 하고 있지만 결국 인간의 이야기라서 우리에게 좋은 이야깃거리와 교훈담으로 남을 수 있었던 거죠.

성경에 기초해 창작되었다는 설이 사실일까?

『그리스·로마 신화』의 기원을 이야기할 때 성서를 본따 만들었다는 설이 있습니다. 실제로 성경의 여러 이야기와 비슷한 이야기가 많이 나오기도 합니다. 제우스의 광휘를 본 인간 세멜레가 결국 죽고 마는 이야기는 성경에서 하나님의 모습을 본 인간들은 죽게 된다는 설정과 유사합니다.

제우스와 세멜레의 아들이 디오니소스인데요, 제우스의 외도로 태어난 아들이어서 헤라의 눈총을 받습니다. 디오니소스는 헤라에게 괴롭힘을 당하며 지상에서 상당히 괴로운 시간을 보내요. 성인으로 자라기 전까지 새끼 산양으로 변해서 때를 기다려야 하기도 했습니다. 성인이 된 디오니소스는 포도와 그 사용법을 알게 되어 포도주를 만듭니다. 디오니소스는 술의 신이기도 하죠. 예수의 첫 번째 기적이 물을 포도주로 만드는 것이었어요. 비교해보면 역시나 비슷한 설정입니다.

신의 아들인 디오니소스는 이후 각성해서 여러 가지 기적을 행하고 다닙니다. 디오니소스가 인도 여행에서 돌아와 자신의 종교를 그리스의 대중에게 전하려고 하자 군주들은 그를 저지하고 박대합니다. 대중을 몰고 다니는 디오니소스가 테바이 시로 접근하자 국왕 펜테우스는 다음과 같이 말합니다.

가서 저 부랑배의 두목을 잡아오너라. 그가 하늘의 피를 이어받았다지만, 나는 그것이 거짓이라는 것을 자백케 하고 그의 가짜 종교를 몰아낼 것이다.

성경에서 하나님의 아들인 예수의 행적과 겹치는 면이 있습니다. 물론 예수의 행적이 인자함과 관용이었다면 디오니소스의 행적은 피와 정복이라는 면이 다르긴 하지만요.

디오니소스의 추종자가 감옥에 갇히자 저절로 감옥 문이 열려 해방되었다는 이야기가 나오는데요. 이는 예수의 추종자 베드로와 바울이 감옥에 갇히자 저절로 문이 열려 해방되었다는 성경의 에피소드와 유사합니다.

이렇게 살펴보면 『그리스·로마 신화』가 성경에 모티프를 두고 창작되었다는 주장에 어느 정도 힘이 실립니다. 사실 『그리스·로마 신화』의 가장 일반적인 판본이라 일컬어지는 토머스 불핀치 역시 이런 주장을 강력하게 지지했습니다. 토머스 불핀치는 프로테스탄티즘의 나라인 미국 사람인 데다 성경 연구서까지 쓴 바 있습니다. 성경을 조금 더 앞에 두고 그에 대한 권위를 이야기할 수밖에 없는 배경을 가진 인물이지요.

여기서 우리가 짚어봐야 할 사실이 하나 있는데요. 예수의 이야기가 2000여 년 전 이야기인 반면, 『그리스·로마 신화』는 기원전 8세기의 도자기나 기원전 5세기의 문학작품 속에서도 찾아볼 수 있습니다. 적어도 2500년 전에 탄생한 이야기란 말이죠. 상식적으로 보면 어떤 것이 다른 것에 영향을 주었다면 앞선 시기의 작품이 후대의 작품에 영향을 준 게 맞는 방향일 것입니다.

하지만 이렇게 단순하게만 볼 수 없어요. 성경에서도 구약과 신약은 시기가 다르고, 그것들이 정리된 시기가 언제냐 하는 문제도 있죠. 그래서 의견이 갈리는데요, 어쨌든 간에 한 신화가 다른 것에 영향을 주었다는 것을 증명할 길은 많지 않습니다. 순방향이든 역방향이든 모두 하나의 '설'로 그칠 수밖에 없습니다.

자연 현상을 설명하려는 인간의 욕망

『그리스·로마 신화』의 창작 과정을 설명하는 여러 설 중에서 제가 가장 흥미롭게 생각하는 설은 자연을 의인화해서 신들을 설정했다는 것입니다. 『그리스·로마 신화』 속 신들의 성격은 태양의 신, 새벽의 신, 무지개의 신 등 자연 현상의 모습에서 따왔습니다. 추상적인 개념들도 의인화하는데요. 미, 지혜, 미래 같은 것들이 있습니다. 자연은 항상 정해진 대로 움직이잖아요. 그래서 신들은 신인데도 불구하고 자신들의 운명을 바꾸지 못합니다. 죽지 않는 삶을 살 뿐, 사랑하고 질투하고 괴로워하며 인간처럼 일상을 영위합니다. 자연은 늘 인간 곁에서 일상을 공유하지요. 사실 정확히는 자연이 인간의 일상이 된다는 표현이 더 맞겠네요.

대학원 시절 저는 신화에 관심이 많아서 개인적으로 연구한 적도 있었고, 학술진흥위원회에서 지원하는 '한국 신화 정리 프로젝트'에 연구원으로 참여해 1년여간 한국 신화를 집중적으로 들여다보았습니다. 그때 재미있는 사실을 하나 발견했어요. 세계의 신화들을 보면 대부분 자연이 의인화된 경우가 많은데, 최고 신이나 가장 강력한 신은 거의 번개가 의인화된 형태입니다. 『그리스·로마 신화』의 최고 신 제우스도 번개를 다루죠. 한국은 신화의 계통이 여러 갈래여서 최고 신을 단정하기 힘들지만 불교 계통의 수호신 중 제석천이 있어요. 이 신은 인도 쪽에서 온 신으로, 인도 신 중에서도 가장 강력합니다. 제석천帝釋天의 한자는 '임금 제, 풀 석, 하늘 천'으로 이름 자체에 하늘의 왕이라는 뜻이 있죠. 이 신도 벼락을 다룹니다. 북유럽 신화에서 가장 유명한 신이자 마블의 영화 〈어벤져스〉의 멤버인 토르도 천둥의 신입니다. 영화에서 오딘이 토르에게 "네가 천둥의 신이지 망치의 신이냐?" 하고 타박하는 장면도 나오죠. 슬라브 신화의 최고 신 페룬도 천둥의 신입니다.

왜 이들이 최고 신이나 가장 강력한 신이 되었을까요? 고대인들은 여러 가지 자연 현상을 설명하고 싶어 했습니다. 이것이 신화에 투영되지요. 이러저러 해서 메아리, 에코가 생겼고, 인간 아라크네가 자신이 아테네보다 직물을 잘 뽑아낸다고 자랑하다가 아테네와의 시합에서 져서 거미가 되어버리고, 이것이 계속 거미가 실을 뽑아내는 유래가 되었다는 식으로요.

번개는 고대인들에게 가장 설명하기 어렵고 두려운 자연 현상이었습니다. 그래서 최고 신은 대개 번개를 의인화했다고 할 수 있어요. 반면 번개를 보기 힘든 이집트 같은 경우는 최고 신이 태양신 라Ra입니다. 그 나라에서 가장 강력한 자연 현상이 최고 신이 되었던 것이지요.

고대인들은 왜 신화를 만들었을까?

신화는 대부분 기원을 이야기합니다. 태양은 어떻게 생겨났으며, 낮과 밤은 왜 생겼는지, 낮에도 벼락이 내려치는 이유는 무엇인지를 설명하기 위해 세계 각국에서 신화나 전설이라는 형태가 나타났습니다. 과학을 알지 못했던 고대인들은 우리 삶을 둘러싼 여러 가지 환경이나 사건들, 개념들을 설명하고 싶어 했습니다.

그러니까 신화는 인간의 삶을 설명하려는 하나의 방법이라고 할 수 있습니다. 지금은 그것을 과학이라는 방법론을 써서 설명하지만, 과학이라는 도구가 없었을 때는 신화라는 도구가 그 역할을 한 것입니다. 근대가 되기 전까지 중세 시대를 설명할 때 흔히 종교의 시대라고 하는데, 사실은 그 역시 우리 삶을 설명하려는 데서 시작된 것입니다. 과학이라는 도구가 없으니 신과 연결시켜 삶을 해석하고 설명한 거죠. 다만 고대의 신화들이 자연 현상의 기원을 이야기하려고 했다면, 중세의 신앙은 조금 더 디테일하게 삶으로 들어와 사람들 사이의 관계, 생활습관, 사회 구조 같은 것들까지 신의 뜻으로 설명합니다.

『그리스·로마 신화』는 역사 이전의 시대에 이 땅에 살고 있는 '우리'를 보여주는 소중한 자료입니다. 지금도 『그리스·로마 신화』는 여러 인간의 군상을 보여주는 캐릭터와 스토리의 보고로, 인간을 이해하는 데 많은 도움이 되고 있습니다.

기록과 해석,
그리고 필연적 진보

E. H. 카 『역사란 무엇인가』

#사회와 기록   #역사의 가변성   #진보사관

1980년대의 금서 『역사란 무엇인가』

1100만 명이 관람한 영화 〈변호인〉은 1980년대 있었던 부림사건釜林事件에서 모티브를 따온 영화로, 당시 인권 변호사로 활약했던 노무현 대통령의 실화를 바탕에 두고 만들어졌다고 알려져 있습니다. 잘나가던 세무 변호사가 단골로 가는 국밥집 아들이 행방불명되자 이를 추적하는 데서 이야기가 시작됩니다. 알고 보니 아들은 국가보안법에 걸려 자취를 감춘 것이었지요. 당시에는 조금만 수상해도 '빨갱이'라는 딱지를 붙여 사람 취급도 하지 않았기 때문에 아무도 이 사건을 맡으려 하지 않았어요.

이 사건을 이 세무 변호사가 맡으면서 일어나는 일들이 흥미진진하게 펼쳐집니다.

부림사건이라는 명칭은 '부산의 학림學林 사건'이라는 뜻에서 붙여진 것입니다. 학림이라는 말은 '학자들이 모이는 곳'이라는 뜻으로, 폭력적인 시위나 테러와는 전혀 상관없어 보이지요. 하지만 1980년대 제5공화국 전두환 군사독재 정권은 집권 초기에 통치 기반을 확보하고 민주화운동 세력을 탄압하고자 당시 사회과학 독서 모임을 하던 사람들을 불법적으로 체포한 뒤, 구타하고 고문을 가했습니다. 이 안타까운 사건이 바로 부림사건입니다.

영화 〈변호인〉에서도 국밥집 아들은 독서 모임을 하다가 잡혀갑니다. 이 학생이 읽다가 잡혀간 그 문제의 책이 바로 E. H. 카의 『역사란 무엇인가』입니다. 그러니까 1980년대에 『역사란 무엇인가』는 읽기만 해도 잡혀가는 아주 무시무시한 책이었는데, 아이러니하게도 지금은 여러 대학에서 '대학생 필독서'로 지정하고 있지요. 책의 내용은 하나도 변하지 않았는데, 불과 30여 년 만에 이 책에 대한 평가가 뒤바뀐 셈입니다.

도대체 『역사란 무엇인가』에는 어떤 내용이 들어 있기에 그렇게 된 걸까요?

어디서부터 역사라고 부를 것인가?

『역사란 무엇인가』를 읽기 전, 저는 이 책이 그다지 어렵지 않을 것이라고 생각했어요. 왜냐하면 '역사란 과거와 현재의 대화이다'라는 이 글의 핵심 결론이 이미 너무 유명했기 때문이었죠. 그런데 『역사란 무엇인가』를 읽고 난 다음에는 그렇게 생각한 제가 아주 부끄러워졌습니다. 상당히 어려운 책이어서 쉽게 이해하기 어려웠거든요. 그런데 다행인지 불행인지 우리 시대 대표적 지식인 유시민 작가도 『역사의 역사』란 책에서 "『역사란 무엇인가』는 열 번을 읽어도 내용을 다 이해할 수 없다"라고 얘기했더라고요. 쓸데없는 동질감에 안심하고 있습니다.

이 책을 읽기 전에 도대체 '인간의 역사는 언제부터인가' 하는 문제를 먼저 생각해보지 않을 수 없습니다. 빗살무늬토기에 농산물을 담던 신석기 시대 인간의 행적을 역사라고 인정할 수 있을까요? 인간이 어떤 식으로 살았고 어떤 식으로 진화해왔는지 방향성을 추론할 수 있는 아주 좋은 흔적이긴 하지만, 우리가 생각하는 역사의 범주 안에 넣기에는 힘들 것 같습니다. 무엇보다 기록이 없기 때문에 사실 관계를 파악하기 어려우며 흔적으로밖에 추론할 수 없습니다. 여기서 추론이라 함은 현 시대 사람들이 과거 사람들이 남긴 몇 가지 흔적으로 당시의 역사를 논리 있게 풀어 나가는 것을 말합니다. 추론은 일종의 타당하고 근거 있는 상상이라 해도 틀린 말이 아닐 거예요. 화석을 보며 동물들의 진화 과정을 추적할 수는 있지만, 그것에 역사라는 이름을 붙이지는 않잖아요.

그리고 또 우리가 역사라고 생각하는 것은 개인의 일거수일투족이 아니라, 사회적 관계와 변화에 대한 것입니다. 집단생활에서 부족국가로 발전하고 국가의 모습을 갖춰가면서 서서히 역사라는 관점의 틀이 형성되었다고 할 수 있는데요, 이처럼 어느 정도 인간들이 사회적인 모습을 갖추어야 한다는 것 또한 역사를 이야기할 때 중요한 전제조건입니다.

정의하자면, '사회'와 '기록'이라는 2가지 조건을 갖추어야 역사라고 부를 수 있습니다. 이런 면에서 역사는 상당히 한정적인 것 같아요. 다르게 생각하면 인류의 역사 중 의미를 가진 역사는 상당히 짧다는 생각도 들고요. 기록이라는 범위 안에서 살펴볼 경우, 우리가 그나마 어느 정도 신빙성을 갖고 파악할 수 있는 역사는 2000~3000여 년 전쯤부터가 아닐까 합니다. 그 이전의 역사는 전해져오기는 하지만 기록이라기보다는 구전이죠. 책에 남아 있는 것도 후세 사람들이 기록해서 남아 있는 것이니까요.

예를 들어, 고조선은 기원전 2333년에 건국된 나라잖아요. 기록마다 연도가 조금씩 달라서 정확한 것은 아니지만 지금으로부터 4000년은 훨씬 디 되었다는 것은 어떤 기록이든 동일합니다. 그런데 고조선에 대해 기록되기 시작한 것은 지금으로부터 4000여 년 전보다 훨씬 이후거든요. 중국 춘추시대에 관중이 편찬한『관자管子』에 고조선이 최초로 언급되어 있는데요, 이 저작은 기원전 700여 년 전쯤 쓰였습니다. 2700여 년 정도 된 거지요. 우리나라 저작 중 고조선에 대해 최초로 기록한 것이 일연의『삼국유사』로 알려져 있다가 2016년 발해를 건국한 대조영의 아우인 대야발이 편찬한『단기고사檀奇古史』에서 고조선에 대한 기록이 발견되었습니다. 그러나 이 저작은 신빙성 문제 때문에 정식으로 인정하지 않는 경우도 많습니다. 이 저작을 인정한다고 해도 발간 시기가 서기 800년쯤이니까, 중국에 비해 상당히 늦은 편이지요.

심지어 정식적인 역사서가 편찬된 시기는 이것보다도 늦습니다. 서양권에서 역사학의 아버지라 불리는 그리스의 역사가 헤로도토스가 쓴『역사』는 B.C. 431년부터 425년 사이에 집필된 것으로 추정됩니다.

역사의 전제조건

그렇다면 신화, 전설, 민담 같은 이야기와 역사의 경계는 무엇일까요? 어떤 이야기는 역사의 한 축을 담당하기도 하지만 어떤 이야기는 그저 누군가에게 순간의 한적함을 달래는 심심풀이에 불과합니다. 그래서 기록은 역사를 구분짓는 중요한 전제조건입니다. 따라서 인간의 역사는 기록 이후의 시대로 한정된다고 할 수 있습니다. 학계에서도 공인받으려면 기록이라는 증거가 뒷받침되어야 합니다.

그런데 기록은 기록한 사람이 반드시 있어야 하잖아요. 그리고 역사로 규정되려면 해석하는 사람도 반드시 필요합니다. 기계처럼 입력과 출력이 자동적으로 이루어지는 것이 아니라, 사람이라는 필터가 있어야 한다는 것인데요, 이 과정에서 굴절이 일어나지는 않을까요? 말하자면 기록하거나 해석하는 사람의 주관에 따라 역사가 왜곡되는 것은 아닐까요?

예전의 역사가들은 역사는 풀과 가위로 만들어진다고 이야기했습니다. 독일의 역사가인 레오폴트 폰 랑케는 "사실이 스스로 말하도록 하는 게 역사가의 임무"라면서, 역사가의 역할은 벌어진 사실을 그대로 기록하는 것이라고 말하기도 했습니다.

여기에 대해서 E. H. 카는 『역사란 무엇인가』를 통해 반론을 펼칩니다. "역사가의 주된 일은 기록된 사실을 평가하고 재해석하는 것"이라고 말입니다. 기록된 사실을 해석하는 것이 주관적일 수밖에 없는 사정을 고려하고, 아예 그런 관점에서 역사를 바라보라는 것이죠. 지금은 이 주장을 더 많은 사람들이 지지하고 있어요.

그 어렵다는 『역사란 무엇인가』를 명쾌하게 정리해보자!

『역사란 무엇인가』는 6장으로 나누어진 책인데요, 사실 처음부터 책으로 쓰인 것은 아니었어요. 케임브리지대학에서 강연했던 내용을 묶어 책으로 만든 거죠. 그래서 그의 논의는 점층적인 모습을 보입니다.

일반적인 서술의 기승전결을 따르지 않기 때문에 읽는 사람 입장에서는 상당히 난해하다는 인상을 받기 쉽습니다. 중심을 잃지 않고 처음부터 끝까지 쭉 따라가는 것이 조금 어렵게 느껴지기도 합니다. 대학에서 글 읽는 방법을 가르칠 때 저는 "한 단락에 하나의 주제가 들어 있고, 그 주제를 대표하는 하나의 주제 문장이 있기 마련이니 그것만 잘 찾아 읽어도 화자가 전달하고자 하는 내용을 어느 정도 파악할 수 있다"고 이야기하는데요, 안타깝게도 이 책은 바로 그에 대한 예외라고 할 수 있어요. 한 단락 자체가 기다란 만연체로 이루어져 있어 읽다가 문장의 주어를 놓치고 단락 안에서 길을 잃는 일이 빈번히 일어나거든요.

천천히 잘 읽었다고 생각하지만 머릿속에 개연성이 잘 안 잡힙니다. 그래서 기계적으로 정리해볼 필요가 있어요. 한눈에 볼 수 있도록 각 장의 핵심 내용을 간추려볼게요.

1장 **역사가와 그의 사실**: 역사에는 역사가의 해석이 개입될 수밖에 없다.

2장 **사회와 개인**: 역사를 연구하기 전에 역사가는 개인이면서 사회와 역사의 산물이므로, 그의 시대를 연구해야 한다. 역사는 사회와 사회의 대화이기 때문이다.

3장 **역사, 과학 그리고 도덕**: 역사의 방법론은 과학의 방법론과 유사하다.

4장 **역사에서의 인과관계**: 역사는 미래를 위한 것이다. 역사를 연구할 때는 '어디로?'도 중요한 문제다.

5장 **진보로서의 역사**: 역사의 방향은 인간 세계의 완성이라는 진보로 향하게 되어 있다.

6장 **지평선의 확대**: 이성을 확대해 역사 밖에 있던 집단과 계급을 역사 안으로 불러들이는 것이 역사가의 역할이다.

정리한 것을 한번 읽어봅시다. 사실 6장은 다른 장과 바로 연결되지 않는 느낌이 듭니다. 인과관계를 생각하면서 다소 파편적으로 느껴질 수 있는 주제를 조금 더 유기적으로 연결해볼까요.

역사에는 역사가의 해석이 개입될 수밖에 없는데, 이는 역사가 과거와 역사가의 대화이기 때문이다. 그렇다면 역사가를 살펴봐야 하는데, 역사가는 개인이자 시대의 산물이므로 그의 시대를 먼저 살펴봐야 한다. 이것을 살펴보는 방법론은 모두 과학적이다. 역사는 과거와 현재의 대화이지만 현재는 과거의 미래이므로, 결국 역사를 연구하는 것은 미래를 위한 것이다. 따라서 역사를 연구할 때 '어디로?'라는 질문은 중요한 문제다. 역사의 방향은 인간 세계의 완성이라는 진보로 향하게 되어 있다. 그러므로 역사가는 이성의 각성과 확대를 통해 역사가의 시각으로 역사가 제한되어 해석되지 않도록 시야를 넓혀야 한다.

지금 세계에서는 역사 밖의 범주에 있던 하층민이나 동양같이 새로운 주체들이 등장하고 있습니다. 따라서 이를 해석하는 역사가의 이성 자체가 각성되고 확대되어야 합니다.

사실 6장의 논의는 그렇게 명확하지는 않은데요, 그래서 E. H. 카는 개정판을 준비하면서 6장을 전면적으로 다시 쓰려고 했다고 해요. 하지만 개정판이 나오기 전 사망해서 개정판의 내용은 그의 메모로만 짐작할 수 있을 뿐입니다.

역사는 움직이는 거야!

『역사란 무엇인가』를 읽고 저는 '역사는 단순한 직선 인식이 아니라 입체적 인식'이라는 느낌이 막연히 떠올랐습니다. "역사란 과거와 현재의 끊임없는 대화다"라는 말도 그래서 의미가 있는 거죠. 지나가서 다시는 오지 않을 시대를 보는 것이 아니라, 언제든지 상호 연결되어 지금 시대에도 영향을 주는 사건을 바라보는 것이 역사이니까요. 그러니까 지금 현 시점의 상황에 따라 과거가 다르게 해석될 수도 있다는 말입니다. 지금 어떤지에 따라 일련의 사건들이 우리 머릿속에 뇌리처럼 박히는 역사가 될 수도 있고 그저 역사의 뒤편으로 사라지는 무수히 많은 일들 중 하나가 될 수도 있습니다.

예를 들어 살펴볼까요? 이영애가 주연을 맡아 유명했던 드라마 〈대장금〉은 『조선왕조실록』에 기록된 이야기 중 의녀 대장금에 관한 이야기에 기반을 둡니다. 여기에 살을 붙여 만든 드라마죠. 이 기록은 실록에 있기 때문에 과거의 사실입니다. 하지만 1970~1990년대, 이른바 우리가 흔히 말하는 남성 중심 사회였을 때는 이 기록이 크게 조명받지 못했습니다. 역사 역시 왕을 중심으로 서술되었죠. 그런데 2000년대에 들어서면서 역사 서술에 미시사적인 바람이 불어 왕이 아니라 그 시대를 살았던 백성들의 이야기가 각광받기 시작하고, 여성의 지위와 사회 참여도가 높아지는 분위기가 형성됩니다. 그리고 비로소 『조선왕조실록』에 기록된 이 사실은 현대인들에게 조명되어 눈앞에 역사적 사실로 나타나게 됩니다. 여성의 사회적 위치를 존중하는 사회 분위기가 형성되면서 〈대장금〉은 히트하게 된 것입니다.

우리 사회의 여성에 대한 인식이 여전히 1950년대 수준에 머물러 있다면 임금인 중종을 직접 진료하기까지 한 뛰어난 의녀 이야기는 과거의 사실일 뿐 역사적으로 조명되지 않았을 수도 있습니다. 그러니까 역사적 사실이라는 것은 단순한 객관적 사건이라기보다는 현대인의 관점과 생각이 들어가 선택되고 편집되어서 의미를 가지게 되는 거죠. 역사가는 바로 그런 시대정신을 구현하는 존재이고요.

이게 바로 역사는 과거와 현재의 대화라는 말의 의미입니다. E. H. 카의 저작이 나오기까지 역사는 과거의 사실 자체로 존재하므로 변하지 않는 것이라는 인식이 강했는데 E. H. 카의 저작 이후로 역사는 사회에 따라 언제든지 해석과 초점을 달리할 수 있는 가변적인 것이 되었다는 데 큰 의미가 있습니다. E. H. 카는 시대와 그에 따른 요구에 따라 역사 해석이 달라질 수 있다는 관점을 "역사는 움직이는 것"이라고 표현했습니다.

그러니 역사가는 깨어 있어야 합니다. 여성에 대한 시대 인식이 달라졌는데, 여전히 과거의 관점으로 역사를 해석하고 여성의 지위가 낮았던 시대의 이야기만 꺼내들어 적용하는 역사가는 자연히 도태되고 말 것입니다. E. H. 카가 『역사란 무엇인가』 말미에 서양권 역사가들이 세계의 중심이 서유럽에서 북미로 넘어간 상황이나 새로 등장한 소련이나 동양의 관점들을 이해하려 노력하지 않고 있다고 지적한 것은, 바로 시대를 항해하고 있는 역사가에 대한 일침입니다. 역사가는 달라진 시대의 이성을 포용해야 더 좋은 방향으로 진보를 이끌어낼 수 있습니다.

비단 역사가만이 이렇게 관점과 이성이 늘 깨어 있도록 각성해야 하는 건 아닙니다. 개개인도 마찬가지 아닐까요.

과거에 잘못된 선택이라고 비난받던 일들이 시대와 환경이 바뀐 지금은 어떻게 평가받고 있나요? 직장인을 예로 들자면, 10~20여 년 전만 해도 멀쩡한 직장을 그만두거나 이직하는 것은 매우 바람직하지 않은 일로 받아들여졌죠. 더 좋은 조건에 이직하더라도 "도대체 왜?"라는 질문을 받았습니다. 주변에서 왜 불안정한 길로 가냐고 말리고, 심지어 직장 안에서는 돈 몇 푼 더 준다고 의리를 저버린 배신자라는 소리를 듣기도 했습니다. 하지만 IMF와 2008년 경제위기를 겪으면서 회사가 개인의 미래를 보장해줄 거라는 환상은 산산조각 났습니다. 오히려 지금은 적절한 이직 기회가 왔을 때 그것을 잡지 않으면 "도대체 왜?"라는 질문을 받습니다.

대학에서 제 강의를 듣는 학생들 200명을 대상으로 설문조사를 한 적 있었는데요, 이른바 밀레니얼 세대라고 불리는 이들은 첫 직장에 들어가서 좋은 기회가 온다면 6개월 안에 이직할 수 있다고 대답한 비율이 98.5퍼센트나 됐습니다. 이쯤되면 그렇지 않겠다고 대답한 3명의 이유가 궁금할 지경인 시대가 된 것이죠.

이것을 현실에 이렇게 적용해볼 수 있지 않을까요? 좋은 이직 기회를 앞두고 뭔가 모를 찜찜함 때문에 한 걸음 물러난 사람이 있다면 이미 지나버린 시대적 관점에 여전히 지배당하고 있지는 않은가 생각해볼 필요가 있습니다.

그 자체로 역사의 가변성을 증명하는 『역사란 무엇인가』

"역사는 움직이는 것"이라는 E. H. 카의 말은 사회의 관점과 니즈가 변하면서 역사에서 선택되는 이야기와 그 해석 자체도 변하게 된다는 의미입니다. 당장 E. H. 카만 봐도 이를 알 수 있어요.

지금은 역사가의 대표처럼 여겨지는 E. H. 카는 사실은 외무부 공무원으로 20년 동안이나 일했어요. 외무부 공무원을 사임하고서야 웨일스대학 국제정치학 교수가 되었는데, 특이한 것은 역사 연구로 유명한 E. H. 카가 역사학과 교수가 아니라 국제정치학 교수였다는 점입니다. 1953년 옥스퍼드대학으로 자리를 옮긴 이후에도 E. H. 카는 역사학과 교수가 아니라 정치학 교수였습니다. 말하자면 E. H. 카는 역사학계에서 주류가 아니었던 겁니다. 그런데 지금은 E. H. 카의 『역사란 무엇인가』가 역사학의 주류 중 주류라고 할 수 있죠.

앞서 언급했듯이 1980년대에 『역사란 무엇인가』는 가방 안에서 발견되기만 해도 잡혀갔던 불온서적이었습니다. 1982년 이 책을 읽었다가 징역 2년 6개월을 선고받았던 당시의 대학생이 2014년 32년 만에 열린 재심에서 무죄를 선고받은 일이 있었습니다. 재심에서 무죄를 선고한 판사가 이런 말을 했어요. "과거 권위주의 정권 시대에 사법부가 가혹 행위에도 눈감고 인권의 마지막 보루로서의 역할을 하지 못한 점에 대해 깊이 사과드립니다." 사법부 역시 시대 상황에 맞게 판결을 내린 것이지요.

1980년대에는 읽기만 해도 잡혀가 죽을 위험에까지 처하게 했던 책이, 지금은 대학생들에게 추천되는 책으로 그러나 너무 어려워 죽어도 읽기 싫은 책으로 인식되고 있으니 그야말로『역사란 무엇인가』 자체가 E. H. 카의 이야기를 증명하는 가장 명징한 증거가 아닐까 싶어요. 시대에 따라 같은 책도 다르게 받아들여진 것이니까요.

역사는 반드시 진보하게 되어 있다

E. H. 카는 진보에 대해 이야기합니다. 역사가가 현재의 시대정신을 대표한다고 말할 때, 사실 현재는 미래에 대한 전망과 연결되어 존재하거든요. 과거의 기록을 남기는 것 자체가 미래 세대를 위한 것이니까요. 이성적인 인간은 미래를 합리적이고 바람직한 방향으로 이끌 것이라는 믿음을 바탕으로, 역사가는 방향감각을 가지고 일관성 있게 과거에서 미래를 이어야 합니다. 그래서 E. H. 카는 "역사는 과거와 현재의 대화"라고 했던 말을 "역사는 과거의 여러 사건들과 우리들 앞에 나타날 미래의 목적과의 대화"라고 정정하는 것이 더 나았을지도 모른다고 말합니다.

한때 우리나라에서 『역사란 무엇인가』가 금서였던 이유는 책 내용과 관계없이 저자인 E. H. 카가 소련을 방문했기 때문이라고 알려지기도 했습니다만, 책 내용 역시 문제가 되었습니다. 『역사란 무엇인가』가 보여주는 진보사관, 그러니까 역사는 반드시 진보하게 되어 있다는 전제가 공산주의 이론의 바탕이 된 마르크시즘의 기본 방향과 닮아 있기 때문입니다. 개인의 노력으로 진보의 방향을 더 낫게 만들 수 있다는 것도요.

지극히 개인적인 감상입니다만 E. H. 카의 『역사란 무엇인가』를 한 문장으로 정리해보자면 "역사가는 미래 문제에 대한 답을 과거에서 찾는 현재의 사람"이라고 할 수 있겠습니다. 조금 더 은유적으로 말해볼까요? "그 시대가 어떤 시대인지 보고 싶으면 역사가가 기술한 것이 아니라, 역사가가 기술하지 않은 것이 무엇인지 살펴보라." 보통 역사는 승리자의 기록이라고 하잖아요. 그래서 역사에서 빠져 있는 것들이 왜 기술되지 않았는지를 알면 그 시대를 더 정확하게 알 수 있는 열쇠가 됩니다.

역사는 진보한다는 서양의 역사 의식

서양 사회는 진보를 기본 전제로 합니다. 그중에서도 헤겔의 변증법은 진보 개념을 잘 보여줍니다. 변증법은 간단히 말하면 A라는 의견이 있으면 그에 반하는 -A라는 의견이 있고, 결국 이 두 의견이 합의를 거쳐 B라는 새로운 의견으로 나아가게 된다는 것입니다. A는 '정', -A는 '반', 그리고 B는 '합'이라고 하죠. 그런데 여기서 B는 다시 -B를 만나고, 역시 또 합의를 거쳐 C로 나아가요. 역사는 계속 이렇게 정, 반, 합이 반복될 수밖에 없습니다. 변화가 필연적일 수밖에 없죠. 이것을 진보라고 부릅니다.

이런 기본 전제에서 생각해보면 시간이 지나면 진보하는 것이 맞습니다. 시간이 지났는데도 진보하지 못한다면 그건 도태되는 거죠. 서양의 이런 역사 의식은 동양의 역사 의식이 순환적이라는 것을 생각해보면 더욱 비교됩니다. 시간이 지나면 역사는 다시 반복되잖아요.

진보사관을 공유한다는 것은 역사는 변화하고 발전해야 한다는 의식을 갖는다는 것입니다.

◆ 레벨 2 ◆

탐구하는 인간

LV. 2

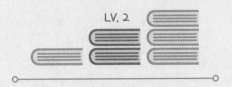

플라톤이 진심으로 바란 것은?

플라톤 『국가』

#이데아론　　#국민의 의무　　#군주제

국가란 무엇인가?

"이게 나라냐?"

경제가 안 좋아 장사가 안되거나 취업이 어려울 때, 돈이나 권력 있는 사람만 특혜받는 상황일 때, 자연재해나 전염병 등 재난 상황에서 국가의 대응이 미흡할 때, 관공서에 갔다가 담당 자가 휴가라 일을 처리해줄 수 없다는 말을 들었을 때 등 여러 가지 상황에서 종종 이런 말을 하는 자신을 발견하거나 아니면 이런 말을 하고 있는 옆 사람을 발견한 적 있을 겁니다.

문자적 뜻만 보면 나라인 게 분명히 맞습니다. 몰라서 물어

보는 것은 아닌 셈이죠. 위의 상황들을 일반화시켜보면 "이게 나라냐?"라는 말은 사회 시스템에 불만이 생겼을 때 나오는 말이라고 할 수 있습니다. 다시 말하자면 우리가 '나라'라는 틀에 의심을 표시하는 것은 국가라는 개념에 들어 있는 여러 가지 약속, 권리, 책임, 의무 같은 것들을 의식하고 있다는 뜻입니다.

그런데 궁금하지 않나요? 이게 나라가 아니면 무엇을 '나라'라고 불러야 할까요?

43세의 나이로 미국의 대통령이 된 존 F. 케네디는 취임 연설에서 "국가가 당신을 위해서 무엇을 해줄 수 있는지보다 당신이 국가를 위해서 무엇을 할 수 있는지 물어보라"고 말했습니다. 국가를 위해 수행해야 하는 의무에 대한 이야기라고 할 수 있지요. 그런데 생각해보셨나요? 도대체 우리는 국가를 위해서 무엇을 해야 할까요?

이보다 더 중요한 질문이 있습니다. 그러면 '국가는 우리에게 어떤 것을 보장해주어야 할까요?'

소크라테스, 플라톤, 아리스토텔레스

인류는 수렵채집으로 먹고 살다가 농업 혁명을 거쳐 정주 사회에 다다르게 되었습니다. 사람들이 한곳에 머무르며 살다 보니 자연스럽게 집단의 크기는 점점 커졌지요. 씨족이나 부족 개념으로는 그 집단의 크기를 통제할 수 없게 되자 '국가'가 생겨났습니다.

사실 전 세계적으로 보면 모든 나라의 형성 과정이 동일한 것은 아니어서 국가는 반드시 이러한 단계를 거쳐야 한다는 식으로 일반화할 수 없습니다. 그렇지만 그리스 시대의 도시국가가 근대 시민 사회의 모태가 되었다는 데는 이견이 없습니다. 그리스의 도시국가는 제국 같은 큰 규모의 국가가 생겨나기 전 단계라고 볼 수 있는데요, 이 시기를 배경으로 활약한 철학 3인방이 있으니 바로 소크라테스, 플라톤, 아리스토텔레스입니다. 플라톤의 스승은 소크라테스죠. 제자는 아리스토텔레스이고요. 이들의 관계를 고구려 건국에 비교해보면 고구려를 건국한 주몽이 소크라테스고, 정복 전쟁을 벌여 영토를 확장한 광개토대왕이 플라톤이며, 확장한 영역을 잘 다스리고 관리해 안정화시킨 장수왕이 아리스토텔레스라고 할 수 있습니다.

철학자의 시초는 "만물은 물로 이루어져 있다"고 말한 탈레스로 알려져 있지만, 오늘날 우리가 철학자 하면 떠올리는 최초의 철학자는 소크라테스일 것입니다. 그리고 개인 차원의 철학을 국가나 사회에 적용해 확장시킨 사람은 바로 플라톤입니다. 플라톤은 아카데미아라는 조직적 학원을 만들어 제자들을 양산했습니다. 겉으로 보이는 행보와 다르게 플라톤은 사실 이상론자에 가까웠어요. 그가 가장 아꼈던 수석 제자가 아리스토텔레스인데요, 아리스토텔레스는 철학의 완성자라는 평을 듣죠. 아리스토텔레스는 스승과는 다르게 현실론적인 입장이었습니다. 철학에서뿐만 아니라 처세에 있어서도 현실적이었는데요, 그래서인지 시대와 불화한 소크라테스나 현실 정치에서는 그다지 큰 영향력을 발휘하지 못한 플라톤과는 다른 행보를 이어갑니다.

아리스토텔레스는 마케도니아 왕의 요청을 받아들여 왕자를 가르쳤습니다. 철학자를 양산한 것도 대중적인 정치에 뛰어든 것도 아니지만 왕자를 가르친 것은 미래의 정치자에게 큰 영향력을 행사하는 일이었습니다. 당시 가정교사는 한 사람의 어린 시절을 온전히 책임졌으니, 아리스토텔레스가 왕자에게 끼친 영향은 엄청났겠죠. 그 왕자가 바로 그리스, 페르시아, 인도에 이르는 대제국을 건설하고 그리스 문화와 오리엔트 문화를 융합하여 헬레니즘 문화를 이룩한 알렉산더 대왕입니다. 실제로 알렉산더는 자신에게 훌륭하게 사는 법을 가르쳐준 사람은 아리스토텔레스라며 스승에 대한 존경의 찬사를 표했습니다.

오늘날 우리가 소크라테스, 플라톤, 아리스토텔레스를 철학 3대장으로 여기게 된 것은 아리스토텔레스가 지배자 알렉산더의 스승으로서 강력한 영향력을 발휘한 덕분이기도 할 겁니다.

사회의 뼈대를 잡은 책

권력과 밀착했다고 해서 2000년이 넘는 시간을 관통해 사람들에게 영향을 주는 정신이나 이론으로 남을 수는 없습니다. 깊이와 영향력이 있어야 몇천 년을 건너는 일이 가능할 텐데요, 그렇게 보자면 철학 3대장 중 진짜 대장은 플라톤입니다. 플라톤의 철학을 관념론이라 비판하는 경우도 많지만, 사실 유물론이 나오기 전까지 철학과 사상은 대부분 관념론이었어요. 플라톤의 '이데아론'은 종교에도 지대한 영향을 끼쳤습니다. 이데아론이 무엇인지 궁금해하는 분들도 있을 텐데요, 이데아론의 개념은 뒤에서 짚어보겠습니다. 먼저 『국가』의 전체적인 맥락부터 살펴볼게요.

『국가』는 플라톤의 저작 중 가장 유명한 책이라고 할 수 있는데요, 소크라테스가 주인공으로 나오죠. 사실 소크라테스는 실제로 남긴 저작이 한 권도 없고요, 이렇게나마 플라톤의 저작에서 만나볼 수 있어요. 『국가』의 화자는 소크라테스이지만 이는 등장인물일 뿐이고, 책의 모든 내용은 플라톤의 생각을 바탕으로 합니다.

『국가』는 현대 서양 철학 개념과 사회의 뼈대를 잡은 책이라고 할 수 있어요. 『국가』에서 천국과 지옥의 원형적인 개념이라든가 이데아의 세계 같은 것들을 찾아볼 수 있는데요, 플라톤

시대 이후 유행한 기독교는 중세로 접어들면서 신플라톤주의 개념을 바탕으로 교리를 완성합니다. 플라톤의 개념이 교리의 근간을 형성하는 데 일조한 것이지요. 이처럼 우리가 익히 아는 제도나, 개념들은 『국가』 때문에 존재하게 되었다고 보아도 무방합니다. 그만큼 국가 체제에 있어서 『국가』는 무척 의미 있는 책입니다.

『국가』를 관통하는 단 하나의 주제

『국가』는 사실 '정의란 무엇인가?'에 대한 답으로 쓰인 책이에요. 전 10권으로 이루어진 이 책의 1권은 소피스트들이 제시한 "정의란 강한 자에게 이익이 되는 것"이라는 아주 현실적인 정의의 개념에 대한 반론을 제시합니다. 소피스트들은 기원전 5세기부터 기원전 4세기까지 그리스를 중심으로 활동한 철학사상가이자 교육자입니다. 소피스트sophist는 원래 지혜로운 자, 신중한 자를 뜻하는 말이에요. 그런데 종종 소피스트를 궤변론자라고 번역하는 경우가 있습니다. 이는 플라톤 학파의 입장에서 본 편견입니다.

소피스트들은 환경과 사회라는 것은 늘 변할 수 있으며, 상대적 진리를 이야기합니다. 이들은 보편적 정의는 없으며 정의는 지배자에 의해 만들어지는 것이라고 생각해요. 그래서 보통 소피스트들은 설득과 교육이라는 2가지 무기를 들고 변화하는 사회에 적응하고자 합니다. 당시 소피스트들은 통치자의 편에 서서 그들의 정당성을 논리적으로 증명해주며 먹고살았으니, 정의를 논함에 있어 아예 '통치자가 정의다'라고 말한 셈입니다. 이후 이어지는 2권부터 10권까지는 이런 소피스트들의 정의 개념이 왜 잘못되었으며, 그렇다면 과연 정의란 무엇인지에 대해 이야기합니다.

그런데 왜 이 책의 제목이 '정의란 무엇인가'가 아니라 '국가'가 되었을까요? 바로 국가 체제를 한 명의 사람에 비유할 수 있다고 보았기 때문입니다. 어떤 사람이 정의로운 것인가 설명하기는 어렵잖아요. 사람은 다 상대적이니까요. 반면 정의로운 국가에 대해서는 충분히 설명할 수 있고 정의로운 국가는 이래야 한다는 절대적인 가치를 말할 수 있습니다. 플라톤은 국가와 사람을 유비적으로 보고서 '정의로운 사람은 이럴 것이다'를 설명하기 위해 이상적인 국가에 대해 말한 것입니다.

플라톤이 제시하는 올바른 국가를 간단하게 정리하면 '각자 잘하는 직분을 맡아 서로 넘보지 않고 분수를 지키며 자신의 직분에 최선을 다하는 것'입니다. 여기서 파생되는 아주 중요한 논의가 '철인 정치론'입니다. 통치하는 직분은 철학자가 맡아야 한다는 주장입니다. 플라톤은 적어도 통치자가 철학을 알아야 한다고 말합니다. 그 자신이 철학자라는 것을 생각해보면 당시 사람들이 보기에 아주 우스운 주장이었을 수도 있습니다. 당시에는 철학자들을 이론만 아는 몽상가나 현실 정치에 밀려난 사람으로 취급했거든요. 그래서 플라톤은 중반 이후인 5권부터는 철인 정치론을 증명하기 위해 이데아 개념을 설명하고, 그 유명한 동굴의 비유 등을 통해 여러 가지 논의를 전개합니다.

철인 정치론을 이해하기 위한 열쇠, 이데아와 동굴의 비유

철학자가 통치자가 되어야 한다는 철인 정치론을 이해하기 위해서는 플라톤의 이데아론을 먼저 짚어볼 필요가 있어요. 이데아는 사물의 본질이라고 말할 수 있습니다. 가령 책상의 이데아는 책상이라는 기본적인 개념을 말합니다. 현실의 책상은 그 본질적인 책상 개념의 모방인 거죠.

"난 어제 책상에 올라가 춤을 추었어요"라고 하면 책상의 모습이 상상되잖아요. 하지만 각자 상상하는 책상의 모습은 다 다를 겁니다. 그래도 책상이라는 단어에서 전해지는 기본 개념은 전달되죠. 그것이 바로 책상의 이데아입니다. 현실의 책상은 이런 개념적 책상의 모방에 불과한, 그저 현실 형태일 뿐이에요. 그림이나 글은 이 모방의 형태를 다시 모방한 거나 다름없습니다. 플라톤이 보기에 저열하고 열등하기 그지없죠. 그래서 플라톤은 시인들을 사람의 정신만 홀리는 사람들이라며 '시인 추방론'을 펼치기도 했습니다.

이데아를 알았으면 동굴의 비유를 이해할 토대를 갖췄다고할 수 있습니다. 먼저 동굴의 비유가 나온 맥락에 대해서 알아봅시다. 철학자가 통치해야 한다는 주장을 펴니 철학자를 찌질하고 괴짜 같은 소리나 하는 사람들이라고 치부하던 사람들이'그게 무슨 말도 안 되는 소리냐'고 비판하자 이를 반박하기 위해 동굴의 비유가 등장합니다.

동굴만 보도록 고개가 고정된 사람들은 동굴 밖의 실제 물건들을 그림자로만 접하게 됩니다. 이때 실제 물건들은 이데아, 그림자는 모방이라고 할 수 있습니다. 동굴 안의 사람들은 이데아는 모르고 그것의 모방만을 알고 있습니다. 그런데 우연히 동굴 밖으로 나와서 태양과 실제 사물들을 보게 된 사람들, 그러니까 이 사람들이 철학자들인데요, 이 사람들이 다시 동굴 안으로 들어가 "사실 새는 그런 모양이 아니라 원래는 이렇다"라고설명해줘봤자 동굴 안의 사람들에게는 씨도 안 먹힙니다. 동굴안의 사람들은 그림자를 실제 그 사물로 인식하고 있으니까요. 마찬가지로 철학자가 아무리 "이상적인 국가는 이래야 돼"라고설명해줘봤자 동굴 안의 사람들이 그 말을 이해할 수 없고, 오히려 진실한 철학자들을 이상한 말이나 하는 괴짜라고 생각할

수밖에 없다고 플라톤은 설명합니다.

아주 논리적인 이유를 들어 철인 정치론을 주장하는 것 같지만 현 시대에서 이것을 읽고 있는 저에게는 자신의 주장에 반대하는 사람들을 향한 플라톤의 고급 조롱처럼 느껴지는데요. 이 말을 직설적으로 풀어보면 "본질을 모르는 너희가 얘기하는 건 모두 허상일 뿐이야. 본질을 얘기해봤자 너희가 알 수나 있겠어?"와 같은 말이지요.

쉽게 말해, 이데아론은 '왜 철학자가 통치자가 되어야 하는가'를 설명하기 위해 펼친 논리입니다. 따라서 진정한 주제는 철학자가 통치자가 되어야 한다는 것인데, 이를 보면서 플라톤이 현실 정치에 대한 야심이 어느 정도 있었던 게 아닌가 하는 짐작을 할 수 있습니다.

하지만 플라톤은 실제로 현실 정치에 크게 참여하지 못했어요. 시칠리아의 참주 디오니시오스 2세의 초청을 받고 현실 정치에 참여하는 듯했으나, 왕의 도량이 그에 미치지 못했으며 기존 세력의 반발 때문에 결국 실패하고 돌아와 자신이 설립한 아카데미아라는 학원을 운영하는 데 온 힘을 쏟죠. 당시로서는 보기 드물게 80세까지 살면서 학원을 운영하기만 했어요.

이런 플라톤의 생애는 공자를 떠올리게 합니다. 공자 역시 현실 정치에 참여하고 싶어 늙은 나이에도 군주들의 초청을 받아 여기저기 떠돌지만 실제로는 아주 제한적으로 현실 정치에 참여할 수밖에 없었고, 큰 소득 없이 제자를 양성하는 데만 힘을 쏟았죠. 플라톤과 겹치는 지점이 있는데요. 공자의 언행과 행적을 기록한 『논어』에서 한 백성에게 공자를 아냐고 물어보니 "아니 될 줄 알면서 행하는 자"라고 말했다는 일화가 나옵니다. 이것만 봐도 공자는 플라톤 못지않게 이상론자였던 거죠. 플라톤과 공자, 마치 평행이론 같지 않나요?

그렇다면 최상의 정치 체제는 무엇일까?

플라톤은 철인 정치론을 신나게 강변한 뒤 후반으로 가면서 정의로운 국가, 이상적인 국가의 구체적인 모습을 제안합니다. 그것이 바로 '군주제'인데요. 훌륭한 지도자가 다스리는 군주제가 가장 좋은 정치 체제이고, 최악의 지도자가 다스리는 참주제가 최악의 정치 체제라고 하죠. '참주'는 티라노스tyrannos라고 하는데요, 나중에 영어에서 폭군을 의미하는 타런트tyrant의 어원이 됩니다. 공룡 중 가장 사납고 무서운 공룡인 티라노사우루스(폭군룡)의 이름도 바로 여기서 유래되었다고 하죠. 참주는 독재자나 폭군 정도로 이해하면 되겠습니다.

플라톤은 민주주의에 대해서도 아주 박하게 평가했습니다. 플라톤의 저작들이 스승이었던 소크라테스를 주인공으로 하잖아요. 이것으로만 봐도 스승인 소크라테스에 대한 플라톤의 존경심을 알 수 있지요. 그런데 소크라테스가 살던 아테네에선 민주주의 세력과 귀족주의 세력이 힘을 겨뤘습니다. 소크라테스는 귀족주의의 중요한 인물로 여겨졌어요. 민주주의 세력이 강해지자 이들은 소크라테스를 처형하기로 결정합니다. 당연히 플라톤은 소크라테스를 죽인 민주주의 세력에 대한 불신이 상당했습니다. 군중이 어리석다는 의미로 우중愚衆이라고 부를 정도로요.

이런 시대적 배경을 살펴보면 플라톤이 왜 민주주의를 좋지 않게 평가했는지 알겠죠? 플라톤은 민주주의 체제가 참주제보다는 그나마 낫지만, 그 밖의 다른 어떤 정치 체제에도 미치지 못한다는 평가를 내립니다. 그러니까 군주제가 제일 좋고, 그다음이 귀족이나 대표들에 의해서 다스려지는 과두제, 그리고 민주제, 참주제 순서로 좋은 정치 체제를 나열합니다. 지금은 민주주의의 시대이니 플라톤의 주장이 시대에 맞지 않다고 느껴질 수도 있지만, 한국 사회의 몇 가지 사건들을 보면 우중이 권력을 잡으면 민주주의는 가장 나쁜 정치 체제가 되는 것도 같습니다. 아, 그렇다고 제가 민주주의를 비판하는 건 아닙니다. 오랜 역사를 거쳐오면서 우리 모두 민주주의 체제가 가장 합리적인 국가와 사회 운영 방법이라고 암묵적으로 합의한 상태니까요. 다만 어떤 체제든 완벽할 수는 없다는 것만 기억하고 넘어가면 됩니다.

정리해보면 플라톤의 『국가』에서 이야기하는 정의로운 국가, 그러니까 이상적인 국가는 '철학적 소양이 있는 군주 아래에서 개개인이 자신의 직분을 성실하게 수행하는 국가'입니다. 나라의 의무는 국민들에게 그런 삶을 보장해주는 것이며, 국민의 의무는 다른 일이나 계급을 넘보지 않고 자신이 맡은 직무를 성실하게 수행하는 것입니다.

비록 제목이 『국가』이긴 하지만, 이 책은 결국 어떤 사람이 정의로운 사람이냐는 의문으로 시작되었으니, 사람 역시 이렇게 조화가 잘 갖추어진 인간이 정의로운 인간이라는 말로 결론을 낼 수 있습니다.

사실 이 책을 관통하는 정확한 질문은 '현실에서 강한 것이

정의로운 것이 아니냐'는 소피스트들의 현실론입니다. 플라톤은 현실론에 반박하기 위해 마지막 10권에서 좀 더 강력한 이야기를 합니다. 오늘날 개념으로 설명하자면 천국과 지옥 같은 것을 언급하면서 정의로운 사람이 나중에, 정확히는 사후에 받게 될 보상에 대해 말합니다.

『국가』가 서양 사회의 줄기가 된 이유

플라톤의 사상은 서양 사회의 중요한 줄기가 되는데요, 고대와 중세 시대 신분제의 정당성을 제시해주는 이론이기 때문입니다. 왕은 왜 왕이고, 귀족은 왜 귀족이며, 농노는 왜 농노인가를 밝혀주고요(결국 이데아에 대한 앎의 정도죠), 현실에서 불만을 가지지 말고 자신의 직분을 잘 수행하면 나중에 하늘의 보상이 있을 것이라고 말하거든요. 통치자의 입장에서는 왜 농노들이 현실의 부당한 대우를 참고서 자신의 의무를 수행해야 하는가를 잘 설명해줄 수 있습니다.

플라톤의 이런 생각은 기독교적인 직분론과도 잘 맞아떨어지는데요. 사실 기독교의 직분론이 플라톤주의를 바탕으로 성립된 것이라고 볼 수 있어요. 오늘날 서양사에서 플라톤 학파의 철학이 득세하는 이유는 통치자들의 통치에 정당성과 안정성을 부여하는 세계관을 제시해주기 때문입니다.

플라톤은 노예제를 옹호하고, 몇몇 선택된 사람들에 의해 나라가 다스려져야 한다고 생각하는 엘리트주의 신봉자입니다. 통치 계급의 신분적 고결함과 능력을 보존하기 위해 아내와 자식들을 공유해야 한다고 주장할 정도예요. 집단으로 애를 낳고 집단으로 애를 기르자는 거죠. 이에 대한 정당성을 주장하기 위해 여러 가지 이유를 제시하는데요, 이는 플라톤이 그토록 싫어했던 소피스트들의 궤변론과 크게 다를 바 없어 보이기도 합니다.

황당하다 못해 전혀 이해가 안 가시죠? 예를 들어 설명해보겠습니다. 스웨덴의 팝그룹 아바의 노래들을 가지고 구성한 뮤지컬 〈맘마미아〉는 전 세계적으로 크게 인기몰이를 했습니다. 영화로도 만들어졌고요. 이야기는 젊어서 미혼모가 된 도나와 그의 딸 소피가 함께 그리스의 작은 섬에서 모텔을 경영하면서 시작됩니다. 우연히 엄마의 일기장을 본 소피는 자신의 아빠일 수 있는 세 명의 사람을 추측합니다. 자신의 결혼식을 앞두고 아빠를 찾고 싶은 소피는 아빠일 수 있는 세 명의 남자에게 초청장을 보내고, 이 세 명의 남자가 섬에 도착하는데요. 소피는 굳이 아빠를 찾지 않고 그냥 세 명의 아빠를 가진 셈 치고, 이들과 관계를 유지하기로 결정하죠. 물론 이 세 명의 남자도 다 소피를 자신의 친딸처럼 생각하기로 하고요. 플라톤이 말한 아이를 공유한다는 개념을 어느 정도 보여주는 이야기입니다. 이렇게 하면 집단 양육이 가능해지고 이 집단 안에서 신분적 통일성이 유지됩니다.

어느 한 가정의 상황이 우연히 그렇게 된 것이 〈맘마미아〉라면 아예 집단 양육을 사회 전체의 시스템으로 제시한 소설이 있습니다. 올더스 헉슬리의 소설 『멋진 신세계』는 이런 개념을 확장해서 세계관을 만듭니다. 공장에서 아이들을 생산하면서 개별 가족 개념을 없애고요, 처음부터 DNA를 조작해서 신분과 직분에 맞게 능력치와 직업 적성을 가진 아이가 태어나게 합니다. 이로써 완전하게 안정된 세계가 만들어지지요. 계급별로 자신이 할 일이 정해져 있고, 자신의 일을 할 때 가장 행복하기 때문에 다른 계급의 일과 특권을 넘보는 일이 생기지 않습니다.

신분제에 대한 강력한 비전을 제시하는 책, 바로 『국가』입니다.

오늘날 우리가 『국가』를 읽어야 하는 이유

『국가』에서 나오는 사상들은 그리스·로마 시대 이후 근대가 되기 전까지 서양 사회를 지배하는 가장 강력한 이론적 기반이 됩니다. 로마가 기독교를 공인한 이래 서양 사회는 기독교적 세계관이 지배하는 사회, 그러니까 신의 말씀만이 의미 있는 세계를 구축하거든요. 신의 말씀을 전달하는 것은 성직자들이었고, 교황이었죠. 교황이 인정하는 각국의 왕들이 다스리는 세계가 중세 유럽이었습니다. 강력한 신분제를 기반으로 해서요.

그러므로 『국가』는 오늘날의 사회를 이해하고 사회의 약속인 제도와 법을 이해하기 위해서, 그러니까 오늘날 사회를 이성적인 눈으로 분석해보기 위해서 반드시 읽어야 하는 책입니다.

플라톤이 펼친 여성권의 논리

오늘날의 시각으로 살펴보면 플라톤의 저작에는 찬탄을 보낼 부분과 의혹을 보낼 부분이 공존합니다.

인상 깊은 부분은 여성에 대한 서술입니다. 사실 그리스 시대에 여성은 시민의 숫자에 포함되지 않을 정도로 한 사람의 인간으로 존중받지 못했습니다. 어린이, 노약자, 노예도 모두 시민의 수에 포함되지 못했어요. 오로지 성인 남자만이 시민으로 인정받았는데요. 시민들은 병역의 의무라든가 납세의 의무를 지기도 했지만, 선출직에 오르기도 하고 투표에 참여하는 참정권을 누렸습니다.

이런 상황에서 플라톤은 여성도 능력 자체는 남성과 크게 다를 바 없으니 통치자가 될 수 있다는 평등의 개념을 이야기합니다. 지금이야 이런 이야기들이 심상하게 다가오지만, 당시로서는 심상치 않은 이야기였죠.

하지만 플라톤은 또 한편으로는 자신에게 주어진 직분에 충실해야 한다며 여성의 직분을 주로 가정생활로 규정하면서 그 시대의 평범한 여성관과 다를 바 없는 인식도 보여줍니다.

아무리 명석한 철학자라 해도 시대적 압박과 그에 따른 패러다임을 깨기는 어려웠다는 생각이 들기도 하고요, 지배 계급 여성들에게 정당성을 부여해주기 위해 양극화된 2가지 논리를 동시에 펼쳤다는 생각이 들기도 합니다. 여성의 능력을 제한하지는 않지만, 직분은 따라야 한다는 말이니까요.

신의 정원에
발을 딛기 시작한 인간

움베르토 에코 『장미의 이름』

#르네상스운동   #중세의 몰락

중세 유럽에 강림한 『셜록 홈스』

대부분 유럽 일주 여행 계획을 짤 때에는 '영국 In, 프랑스 Out'
아니면 '프랑스 In, 영국 Out'로 루트를 잡습니다. 영국이 섬나
라이다 보니 대륙을 연결하는 도버해협을 한 번만 건너기 위해
서는 비슷한 루트가 나올 수밖에 없어요. 해저 터널로 연결되는
유로스타 비용이 상당하거든요.

저도 대학생 시절 처음 유럽 여행을 갔을 때 이 전통적인 코
스를 따라 영국 히드로공항에 도착했어요. 열다섯 시간이 넘는
비행으로 몸은 더없이 고단했지요. 시각이 오후 4~5시를 가리키

고 있어서 일단 호텔로 가 배낭을 내려놓고 잠깐 쉰 다음에 야경을 보러 나가는 것이 가장 효율적인 동선이었습니다. 43일 일정으로 간 여행이었기에 배낭이 장난 아니게 컸거든요. 하지만 저는 그 무거운 배낭을 짊어지고 호텔로 향하지 않았어요. 100년도 더 되었다는 런던의 지하철을 타고 제가 제일 처음 찾아간 곳은 바로 베이커 스트리트역이었습니다. 그리고 221B번지에 당도했습니다.

이곳은 탐정 셜록 홈스의 집으로 셜록 홈스 박물관으로 운영되고 있는데요. 셜록 홈스는 아서 코난 도일이라는 의사 출신 소설가가 만든 캐릭터로, 실제로 그가 이 집에 살았을 리 없는데도 2층에서 길거리를 내다보면 진짜 100년 전 런던의 길거리가 떠오르더라고요. 마치 제가 셜록 홈스가 된 것처럼요. 사실 정확히는 셜록 홈스라기보다는 셜록 홈스의 친구이자 조수인 왓슨이 된 것 같은 느낌이었다는 게 더 맞겠군요.

『장미의 이름』은 『셜록 홈스』의 오마주?

『셜록 홈스』는 대중문화의 원형으로 '셜록'과 '왓슨'이라는 두 명의 남자 주인공이 등장해서 사건을 해결해가는 버디 무비 장르의 원조이자 현재까지도 끊임없이 리메이크되고 있는 유명한 소설입니다. 요즘은 〈닥터 스트레인지〉라는 히어로 영화로 유명한 영국 배우 베네딕트 컴버배치가 처음 세계적인 유명세를 탄 것은 영국 BBC에서 제작한 TV 시리즈 〈셜록〉의 주연을 맡으면서였습니다. 〈아이언맨〉으로 유명한 로버트 다우니 주니어가 주연을 맡은 시리즈 영화 〈셜록 홈스〉도 있지요.

오마주 형태 중 가장 유명한 작품은 일본 애니메이션 〈명탐정 코난〉입니다. 셜록 홈스의 작가 아서 코난 도일의 이름을 따온 꼬마 탐정의 이야기인데, 100권 가까이 시리즈가 나와도 도무지 끝날 줄 모르는 일본 만화 특유의 긴 생명력을 자랑하는 작품입니다.

미국에서 시즌 8까지 제작된 〈닥터 하우스〉 역시 셜록 홈스의 오마주입니다. 원인 불명의 환자만 골라서 진단하는 의사 하우스에 대한 이야기인데요. 하우스는 '홈스' 대신이고, 언제나 하우스에게 영감을 주는 단짝 의사 윌슨은 '왓슨' 대신이죠.

문학작품에서도 『셜록 홈스』의 오마주를 찾아볼 수 있습니다. 이탈리아 기호학자 움베르토 에코의 소설 『장미의 이름』이 바로 그 작품입니다. 주인공인 윌리엄 수사와 조수 역할을 하는 아드소는 누가 봐도 셜록 홈스에서 따왔다는 걸 알 수 있어요. 이탈리아인 에코가 이탈리아 배경에서 영국인 주인공, 그중에서도 바스커빌의 윌리엄을 내세우는 것만 봐도 너무나 분명합니다. 윌리엄의 출신지인 바스커빌은 『셜록 홈스』 하면 떠오르는 대표작 『바스커빌 가의 개』에서 가지고 온 겁니다.

셜록을 대신하는 윌리엄 수도사는 자신의 추리에 대한 주변의 찬탄을 즐기고, 때로는 사건의 기록자이며 조수인 아드소에게 "생각 좀 하라"며 면박을 주기도 합니다. 왓슨을 대신하는 아드소는 윌리엄 수사를 충실하게 보필하기도 하지만 때로는 단독 행동을 하고, 사건의 실마리를 찾는 역할을 합니다. 『셜록 홈스』의 팬이라면 윌리엄과 아드소를 보면서 『셜록 홈스』의 자취를 많이 느낄 수 있을 거예요. 특히 아드소의 지나가는 한마디에 사건의 가장 중요한 실마리를 깨닫는 윌리엄을 보면 그대로 셜록과 왓슨이라는 이름을 써도 전혀 어색하지 않을 정도입니다.

이렇게 사건의 추리를 거의 완성해놓고 마지막 퍼즐 하나를 찾지 못해 끙끙거리는 장면이 『셜록 홈스』에도 종종 등장하는데요. 이때 셜록은 왓슨의 말 한마디에서 힌트를 발견하고 추리를 완성합니다. 물론 왓슨이 계책이 있어서 셜록에게 말을 건넨 건 아니고요, 셜록이 잘 추리해낸 건데요. 이런 극적인 효과는 〈소년탐정 김전일〉과 〈하우스〉에서도 자주 쓰입니다. 주인공은 조수 역할을 하는 인물의 무심한 한마디에서 사건의 실마리를 찾아 이야기의 고리를 완성합니다.

책을 둘러싼 미스터리

『장미의 이름』은 기본적으로『셜록 홈스』의 주 활약 분야인 추리소설의 뼈대를 가지고 있기 때문에 무척 재미있습니다. 하지만 아이러니하게도 그런 재미에 비해 읽어내려가는 게 무척 힘듭니다. 움베르토 에코의 현학적인 문체 때문에 그렇습니다. 저도 그렇게 느끼는 사람 중 한 명입니다.

움베르토 에코가 서술하는 시대 상황, 종교적 배경, 교황과 황제파의 싸움에 대한 이야기, 중세 시대의 분위기 등은 다 철저한 계획 하에 서술됩니다. 이런 배경들은 모두 수도원의 살인 사건과 유기적으로 연결되어 있는데요. 에코는 종교 논쟁과 배경들을 단순히 작품의 모양새를 갖추기 위한 수사적인 장식이 아니라, 주제와 밀접하게 연결되는 필수적인 배경으로 설정해놓았어요. 이제 본격적으로 줄거리를 살펴볼까요?

『장미의 이름』은 중세 시대 이탈리아의 한 수도원에서 벌어진 살인 사건을 조사하는 이야기입니다. 이 사건의 기록자이자 멜크수도원의 젊은 수련사 아드소는 한때 이단 조사관이었던 박식하고 명민한 프란체스코수도회의 윌리엄 수사와 함께 각지의 수도원을 돌아다닙니다. 그러다가 도착한 베네딕트수도원에서 그들은 아델모라는 젊은 수사의 죽음을 파헤쳐달라는 부탁을 받습니다.

그런데 이 죽음의 비밀을 풀어가는 과정에서 번역가인 수도사 베난티오가 죽고, 보조 사서인 베렝가리오 역시 시체로 발견되죠. 장서관 사서들인 세베리노와 말라키아 역시 차례로 죽으면서 수도원의 살인 사건은 본격적으로 미궁에 빠집니다. 가장 의심스러운 인물들이 다음 사건의 희생자가 되는 식으로 연쇄살인이 일어나며 추리소설의 공식에 충실하게 이야기가 전개되지요.

결국 윌리엄과 아드소는 사건의 열쇠는 장서관 속에 숨겨져 있는 서책과 관련 있다는 걸 알아냅니다. 그리고 장서관에 몰래 잠입해서 마침내 진실에 다다르게 되는데요. 범인은 이 서책이 세상에 알려지는 것을 막기 위해 책을 씹어 먹어버리고, 장서관에 불을 질러 수도원은 불길에 휩싸입니다.

사실 이 소설에서 범인을 예측하는 것은 그리 어렵지 않아요. 처음부터 참 수상한 그 인물이 바로 범인이에요. 그런데 움베르토 에코는 이 소설이 추리소설로만 읽히지 않기를 바랐던 거 같아요. 이야기를 읽다 보면 범인이 아니라 살인의 동기에 초점이 맞춰지니까요. 도대체 범인은 왜 이런 연쇄살인을 저지른 것일까요?

범인은 책 한 권을 지키기 위해 계속해서 살인을 저지릅니다. 이 책이 대체 뭐길래 목숨을 걸고 지키려고 했던 것일까요? 세기를 바꿀 대단한 비밀이라도 들어 있던 것일까요? 이 미지의 서책은 아리스토텔레스의 『시학Poetica』 2부에 해당하는 '희극' 편입니다. 실제 아리스토텔레스의 『시학』은 '비극'으로만 이루어져 있는데요, 그 유명한 '카타르시스(감정의 정화)'라는 말이 이 『시학』에서 나온 겁니다. 『장미의 이름』은 『시학』의 2부 희극 편이 존재한다는 전제를 가지고, 전 세계에서 단 하나밖에 없는 필사본을 둘러싼 비밀을 그립니다.

아리스토텔레스의 『시학』 희극 편은 도대체 어떤 책이길래?

『시학』 2부 희극 편은 왜 수도사 몇 명의 목숨을 아무렇지 않게 죽일 수 있는 금서가 된 것일까요?

기독교는 로마 시대에 공인된 이래 서양 사회의 기둥을 담당하는 종교가 되어가면서 엄격함과 진지함이 그 어느 때보다 강해집니다. 이 사건의 배경이 되는 14세기 초, 1327년은 종교적 독선과 편견이 인간의 자유를 억압하던 시기였습니다. 이 시기의 사회적 분위기를 이해하려면 르네상스운동을 살펴봐야 합니다.

종교에 억압받던 인간을 해방시켜 인간성을 회복하자는 운동이 '르네상스운동'이죠. 보통은 5세기 로마제국의 몰락과 함께 중세가 시작되었다고 보는데요. 이 시기를 인간성이 말살된 시대, 야만의 시대로 규정하고, 이를 회복하기 위해서 고대 그리스·로마 시대의 문화를 부활시키자는 문화 운동이 바로 르네상스운동입니다. 이 르네상스운동은 14세기 후반부터 15세기 전반에 걸쳐 이탈리아에서 시작되었다는 것이 통설인데요, 그렇게 보면 『장미의 이름』은 새벽이 시작되기 전 가장 어두운, 그러니까 신의 힘이 가장 강력하고 인간성이 말살된 시대적 분위기를 배경으로 하지요.

기독교 교리를 원리주의적으로 해석해서 웃음이 금지된 수도원에서 "웃음은 예술이며 식자識者들의 마음이 열리는 세상의 문이다"라고 기술한 아리스토텔레스의 『시학』 희극 편은 신에게 대항하는 인간성의 상징이 됩니다. 인간의 세속적인 감정은 신의 율법을 침해하는 행위였지요. 교단의 젊은 수사들은 신의 율법 이전에 지식에 대한 갈구(이것 역시 인간성의 상징이죠)로 교단의 원칙주의자들이 엄격하게 금하는 이 책에 관심을 보이다가 죽임을 당한 거예요. 하지만 교단의 원칙주의자들 역시 이렇게 위험한 아리스토텔레스의 『시학』 희극 편을 차마 없애지 못하고 위기에 몰려서야 불태워버릴 수밖에 없었던 것은, 그들 역시 지식에 대한 갈구와 존중을 했다는 뜻일 겁니다.

그래서 『장미의 이름』은 신이 지배하는 시기에 인간성에 대한 갈구가 어느 정도였는지를 잘 보여준다고 할 수 있어요. 움베르토 에코는 르네상스의 전조가 되는 시대적인 움직임을 보여주고 싶었던 것입니다.

장미의 몰락

이 소설에서 더욱 주목해야 할 중요한 부분이 있습니다. 기호학
자인 움베르토 에코가 여러 가지 은유와 직유를 통해 계속 말하
고자 하는 것은 과학과 종교의 경계입니다.

윌리엄의 스승은 로저 베이커라는 수사인데 과학자로 분류
됩니다. 과학은 검증을 통해 하나의 진리를 드러내죠. 그런데 이
런 전제는 종교에서 문제가 됩니다. 과학을 통해 드러나는 자연
의 진리는 신의 전지전능함을 무색하게 합니다. 과학에 따르면
신도 이 진리에 포함되어야 하는 속성을 띠니까요. 책의 마지막
부분에서 아드소는 윌리엄에게 묻습니다. "보편적인 법칙과 기
성 질서라고 하는 개념의 존재는 하나님이 이런 개념의 포로가
될 수 있다는 사실을 내포"하는 게 아니냐고 말이죠. 윌리엄 수
사는 이에 대해 정확하게 대답하지 않고 "나는 자연을 공부하는
사람"이라고 얼버무리죠. 과학자라는 말입니다. 이 책에서는 이
렇게 과학과 신앙이 충돌하는 모습이 보입니다.

아리스토텔레스의 『시학』 희극 편은 기존 질서를 수호하는
자들에게는 신앙을 상징하고, 새로운 지식에 갈급하여 이단의
책도 읽으려고 하는 젊은 연구자들에게는 과학을 상징합니다.
그래서 이 책을 둘러싸고 살인 사건이 일어나는 것이죠.

이 책의 주요 배경인 종교 갈등도 교황과 황제의 세력 다툼

으로 인한 것입니다. 하지만 자세히 따져 들어가면 신앙, 정확히는 그 대변자였던 교회가 무소불위의 권력을 구가하던 시대에서 법이나 규칙들이 먼저 지켜져야 하는 황제의 시대로 바뀌는 경계에서 이루어진 다툼이거든요.

그러니까『장미의 이름』은 과학에 의해 종교가 위협받는 시기에 얼마나 폭력적이고 위험한 방법으로 기존 질서를 지키려고 노력했는가, 그리고 당시의 종교인들이 얼마나 위선적이며 탐욕스러운가를 노골적으로 드러낸 작품입니다. 결국 이 수도원이 몇백 년간 지켜온 장서관과 함께 타버리는 마지막 장면은 인간이 세우고 위선을 덧씌운 교회의 몰락을 상징합니다.

"지난날의 장미는 이제 그 이름뿐, 우리에게 남은 것은 그 덧없는 이름뿐"이라는 마지막 구절은 그래서 중요합니다. 장미를 중세를 지배한 종교의 상징이라고 놓고 볼 때 이 책의 마지막 구절은 의미가 생깁니다.

신의 시대에서 인간의 시대로

대제국을 건설한 로마는 기독교를 공인했습니다. 이 로마가 유럽을 정복하면서 기독교는 서양 사회의 주류가 됩니다. 기독교는 지배 세력의 권력을 공고히 하는 사상적 체계를 제공해주었고, 그 과정에서 인간성은 점점 신의 그림자에 묻혀 자취를 감추게 되었죠.

하지만 인간 안에 들어 있는 인간성은 억압받는다고 해서 사라지는 것이 아닙니다. 단지 감춰질 뿐, 결국 다시 드러날 수밖에 없습니다. 『장미의 이름』은 이런 전환의 시절에 대한 이야기이고, 인간성 회복에 대한 은유라고 할 수 있습니다.

신의 지배를 벗어나기 시작한 인간들은 과학, 이성 같은 도구를 바탕으로 세계를 재정립하기 시작합니다. 신의 뜻이라는 마법의 주문보다는 '왜 그런 현상이 나타나는가?', '어떻게 사회적 관계를 맺어야 하는가?'에 대한 논의와 탐구들로 세계관을 꾸려가는 것이지요. 이제 본격적으로 인간의 이성으로 주위를 탐색하고 사회를 재결성하는 시대가 열립니다.

곳간에서 문화 난다?

인문학이라는 말을 많이 쓰잖아요. 좁게 보면 문·사·철이라고
해서 문학, 역사, 철학의 분과 학문을 나타낼 때도 있지만, 인문
학은 인간에 대한 모든 관심과 연구를 아우르는 말입니다. 그런
면에서 볼 때 인문학의 반대편에 있는 것은 자연을 다루는 자연
과학이고, 또 신의 뜻만 받드는 종교입니다.

르네상스운동은 5세기 이후 거의 1000여 년의 시간 동안 이
어져온 신이 지배하는 사회에 반기를 들고, 인간성을 회복하자
고 목소리를 높입니다. 왜 회복이라고 말했는가 하면 고대 그리
스·로마 시대에는 인간의 역할이 중요했거든요. 그래서 고대
그리스와 로마의 문화를 다시 부흥시키자고 주장했습니다.

그런데 왜 유럽의 많은 나라 중 하필 이탈리아가 중심이 되
었던 걸까요? 이탈리아가 로마의 전통을 계승했기 때문입니다.
하지만 이것은 명분적인 이유일 뿐 당시 유럽에서 이탈리아가
가장 부유한 국가였다는 현실적인 상황이 뒷받침하고 있었습니
다. 정확하게는 이탈리아 북부의 피렌체, 밀라노, 베네치아 등이
유럽에서도 잘나가는 나라였어요. 베네치아는 교역의 중심지이
기도 했지만, 지중해의 해상권을 장악한 패권국이기도 했지요.

돈과 권력이 흘러넘치는 도시이다 보니 문화에 대한 후원도 많았습니다. 그러다 보니 자연스럽게 실력 있고 유능한 학자와 예술가들이 모여들었어요. 비잔틴제국이 패망하자 고대 그리스·로마 문화에 정통했던 비잔틴제국의 학자들이 부유한 나라이자 해상으로 연결되는 이탈리아 북부로 몰려들었습니다. 이런 여러 가지 사정이 얽히면서 이탈리아에서 르네상스의 기반이 만들어진 겁니다.

결국 왜 이탈리아에서 르네상스가 시작되었는가에 대한 대답은 '곳간에서 인심 난다'는 속담을 응용해서 '곳간에서 문화 난다' 정도로 설명할 수 있겠네요.

종교의 필터가 빠지기 시작하자
드러나는 인간

니콜로 마키아벨리 『군주론』

#종교개혁   #공화정   #성악설

『군주론』은 군주가 쓴 책이 아니다?

읽기 전에는 잘못된 상식을 가지게 되는 책이 있습니다. 소설
『프랑켄슈타인』에 나오는 괴물 이름이 프랑켄슈타인일 것이라
든가(실제로 괴물 이름은 없고, 괴물을 만든 박사 이름이 프랑켄슈타인이
죠), 『소크라테스의 변명』은 소크라테스의 저작일 것(사실 플라
톤의 저작이죠) 같은 착각인데요, 『군주론』에 대한 오해도 빼놓을
수 없습니다.

　『군주론』의 저자는 군주나 적어도 한 나라의 명망 있는 권력
가 정도일 것이라고 짐작하기 쉽습니다. '군주는 어때야 한다'

는 이야기를 쓰려면 군주나 제1권력가로서의 경험이 있어야 가능할 것이라는 경험론적 법칙이 우리 머릿속에 자리 잡고 있기 때문이죠. 하지만 『군주론』의 저자 니콜로 마키아벨리는 권력가는커녕 인생의 초창기에 간신히 고위 공무원으로 일한 인물입니다. 그 시기를 제외한 나머지 기간에는 다시 고위직에 복귀하고자 간절히 바라면서 평생을 지냈습니다.

그런데도 『군주론』은 처음 등장한 지 488년이 지난 지금까지도 군주와 리더에 대한 지침서로서 여전히 각광받는 고전입니다. 어떻게 보면 이론가의 분석이 실제 경험보다 쓸모 있는 사례라고도 할 수 있을 것 같네요.

종교가 스스로의 발등을 찍기 시작한 때

니콜로 마키아벨리가 『군주론』을 쓴 1513년은 각 분야에서 종교의 영향력이 사라지던 시기였습니다. 정확하게는 삭제 '당하는' 시기라고 말하는 게 맞겠네요. 1517년 종교개혁의 시발점이 된 마르틴 루터의 95개조 반박문 사건이 일어납니다. 구원은 행위가 아닌 믿음에서 온다는 것이 루터의 신념이었어요. 그러니까 면죄부를 사는 행위에서 구원이 오는 게 아니라 예수를 믿는 믿음에서 구원이 온다고 생각한 것이지요.

면죄부는 죄가 사면된다는 증명서로, 가톨릭교회는 돈을 받고 이를 팔았습니다. 최근에는 죄를 면할 수는 없고 벌을 면하는 것이니 '면벌부'라는 용어를 써야 한다는 주장이 나오고 있으나, '면죄부'라는 용어가 압도적으로 더 많이 사용되고 있습니다. 사실 면죄부는 갑자기 생긴 것은 아니고요, 재정이 부실했던 중세 말기 교황청이 당시 베드로 대성당을 건축하면서 건축비를 충당하는 것이 어렵자 '면죄부'라는 정식 문서를 발행합니다.

독일의 알브레히트는 본격적으로 면죄부 장사를 시작하는데요. 마인츠의 대주교 자리를 얻기 위해 당시 교황인 레오 10세에게 뇌물을 상납하는 과정에서 독일의 대부호(라고 쓰고 사채업자로 읽는)인 야코프 푸거에게 빚을 지게 됩니다. 푸거는 『자본가의 탄생』이라는 책에서 최초의 자본가로 묘사되었지만, 사실 초국적 기업의 외피를 쓴 사채업자에 더 가까웠지요. 합스부르크 가문 같은 권력자들에게 돈을 빌려주고, 그에 따른 이득권이나 사업권을 획득하는 방식으로 부를 늘린 사람입니다.

알브레히트는 빌린 돈을 갚기 위해 푸거와 손잡고 면죄부 장사를 하는데요, 그게 좀 도가 지나쳤지요. 지금 관점에서 생각해보면 면죄부를 사면 죄가 사해진다니, 코웃음 나는 이야기이지만 신의 권력이 절대적이었던 그때는 눈 가리고 아웅인 이 면죄부가 대중에게 먹히기도 했나 봅니다.

그러나 인간이란 다양하고, 또 지금에까지 이룩한 인간의 역사를 보면 현명한 존재임이 틀림없습니다. 혼란한 상황이 계속되다가 드디어 독일에서 처음으로 면죄부 거부 운동이 일어납니다.

정치에서 종교의 색채를 분리시키다

1517년 10월 31일, 마르틴 루터는 비텐베르크 성城 교회 정문에 면죄부 판매에 반대한다는 '95개조 의견서'를 내겁니다. 라틴어로 된 이 의견서는 사실 대자보 정도 수준에 불과했어요. 그러나 당시 가톨릭교회의 부당함과 면죄부의 압박에 질린 대중이 호응하며 종교개혁의 씨앗이 되어 유럽 전역으로 퍼져 나갑니다. SNS나 미디어도 없었던 시절에 한 지역에서 쓰인 대자보가 이렇게 세계적으로 영향을 미쳤다는 것은 면죄부에 대한 대중의 거부감과 가톨릭교회의 부당한 지배와 간섭에 대한 제왕들의 반발감이 극에 달했음을 보여줍니다.

『군주론』이 쓰인 1513년은 사회 전반에 걸쳐서 종교가 그 지배력을 상실해가던 시기였습니다. 사실 『군주론』은 종교개혁의 주인공 중 한 명과도 살짝 연결이 됩니다. 종교개혁의 주인공이라기보다는 종교개혁의 대상자라고 하는 것이 더 맞는 표현이겠네요. 『군주론』은 원래 메디치 가의 지배자인 피렌체의 군주 로렌초 데 메디치에게 바쳐진 책인데요, 로렌초 데 메디치의 둘째 아들이 뇌물을 받고 성직자를 임명한 부패한 교황 레오 10세거든요. 그러니까 로렌초의 아들이 종교개혁의 메인 빌런 역할이었던 거죠.

물론 니콜로 마키아벨리의 일방적인 구애였을 뿐, 로렌초 데 메디치는 이 책을 무시했다고 해요.

『군주론』은 정치에서 종교의 색채를 걷어냈다는 데서 의미가 큽니다. 그리고 정치에서 '덕'과 '정의' 또한 빼버리죠. 실질과 현실이라는 필터로 정치를 보면 어떻게 될까를 이야기한 실용서가 바로 『군주론』입니다.

『군주론』 집필의 숨겨진 욕망

'분열'과 '혼란'은 중세 유럽 전역을 관통하는 키워드였지만, 이탈리아는 그중에서도 상황이 더욱 심각했습니다. 베네치아, 밀라노, 피렌체, 시에나, 나폴리 등 여러 도시들이 하나의 국가처럼 존재하면서 사분오열되어 있었거든요.

피렌체만 해도 니콜로 마키아벨리가 처음 공직 생활을 했던 시기는 프랑스의 지배력이 강했습니다. 그런데 스페인이 프랑스를 이기면서 피렌체에 원래 지배 세력이었던 메디치 가를 복 귀시키거든요. 메디치 가의 복귀와 함께 마키아벨리는 공직에서 쫓겨납니다. 사실 쫓겨난 정도가 아니라 메디치 가를 노린 음모에 가담했다는 혐의를 받고 거꾸로 매달리는 고문을 당했는데 이 고문을 이겨내고 끝내 혐의를 부인해서 감옥에 수감되는 정도로 상황이 마무리됩니다. 그리고 로렌초 데 메디치의 아들이 교황이 된 뒤 기념 특사로 출옥합니다. 이 아들이 앞서 말한 교황 레오 10세입니다. 어쨌든 출옥한 마키아벨리는 농장에 칩거합니다.

니콜로 마키아벨리는 이 시기에 『군주론』을 썼는데요. 재미있는 것은 '새로운 지역을 다스리게 된 군주가 그 지역을 어떻게 다스릴 것인가?'라는 주제를 다뤘다는 점이에요. 그러니까 이 책은 피렌체라는 새로운 지역을 다스리게 된 메디치 가를 위해 쓴 책입니다. 다시 말해, 자신을 관직에서 쫓아낸 바로 그 지배자를 위해서 쓴 책이었던 거죠.

니콜로 마키아벨리는 강력한 군주가 나타나 이탈리아를 통일해주기를 바라는 마음에서 이 책을 썼다고 하지만, 사실은 새로운 통치 세력인 메디치 가에 잘 보여서 관직에 복귀하려는 개인적인 욕망이 엿보입니다. 실제로도 이 책은 메디치 가의 통치자인 로렌초 데 메디치에게 바친다는 헌사가 앞에 붙어 있습니다. 하지만 로렌초 데 메디치는 이 책을 단 한 페이지도 읽어보지 않았다고 해요.

니콜로 마키아벨리의 이런 열망이 통했는지, 마키아벨리는 메디치 정권 때 한두 차례 임시직을 맡아 외교사절 역할을 수행했습니다. 물론 고위직은 아니었고요, 정규직은 더더욱 아니었죠. 그러다가 나중에는 성벽을 관리하는 하위 공무원 생활을 하기도 했답니다.

그러나 역사를 살펴보면 늘 그렇듯 영원한 권력은 없는 법입니다. 1527년 메디치 가가 무너지고 피렌체에 새로운 공화정이 세워집니다. 사실 이 같은 사건은 니콜로 마키아벨리가 원하던 것이기도 했어요. 메디치 가의 이전 정권에서 주 세력이었던 자신을 메디치 가가 좋게 봐줄 리 없었거든요. 메디치 가의 지배 아래에서는 출셋길이 막힌 것처럼 보였습니다. 하지만 정권이 전환되었어도 고위 공직을 맡고 싶다는 마키아벨리의 희망은 이뤄지지 않았습니다. 메디치 정권에서 하위 공무원 생활을 했던 것이 전 정권에 협력한 전적이 되어서 그의 공직 진출은 가로막힙니다. 메디치 가를 위해 일한 공화국의 배신자라는 낙인이 찍히며 하위 공직에서조차 퇴출 당하지요. 이런 현실이 견디기 어려웠는지 마키아벨리는 새로운 정권이 들어서고 자신의 희망이 좌절된 바로 그해 죽음을 맞이합니다.

니콜로 마키아벨리는 『군주론』에서 군주는 냉혹하고 비정해야 한다고 주장하는데요, 적어도 통치자들은 마키아벨리에게는 그렇게 대했다는 것을 알 수 있네요.

『군주론』의 실제적 내용은?

『군주론』은 총 26장으로 구성되어 있는데, 그 내용은 총 네 부분으로 나눌 수 있습니다. 첫 부분은 1장에서 11장인데요, 다양한 형태의 군주국에 대해서 고찰합니다. 두 번째 부분은 12장부터 14장으로 군대의 실제적인 운용법에 대한 이야기이고요, 세 번째 부분인 15장에서 23장까지는 통치의 기술에 대해서 다룹니다. 바로 여기가 『군주론』의 핵심이라고 할 수 있습니다. 이 부분은 놀랍도록 실제적인데요, '경멸과 미움을 피하는 방법'이라든가, '명성을 얻기 위한 방법', '아첨꾼을 피하는 방법' 등 실용적인 방법이 제시됩니다. 마지막 네 번째 부분은 24장에서 26장으로 이탈리아 군주들이 그들의 나라를 잃어버린 원인을 진단하고 이탈리아를 해방시킬 방법에 대한 이야기를 풀어놓습니다.

　　『군주론』의 전체적인 기조를 정리하면 '나라를 잘 다스리는 군주가 되려면 수단과 방법을 가리지 말고, 당위와 신의보다는 현실과 이익을 앞세워 정치를 해야 한다' 정도로 요약할 수 있겠네요. 마키아벨리는 『군주론』에서 "나는 인간이 어떻게 살아야 하는가(당위) 하는 문제보다는 어떻게 살고 있는가(현실) 하는 문제에 답하고자 한다"고 직접 서술하기도 했습니다.

그래서인지 『군주론』은 악마의 책이라고 불리기도 했고요, 19세기에는 교황청이 지정한 금서 목록에도 올랐습니다. 하지만 지금은 하버드대학이나 스탠퍼드대학 등 세계적인 대학에서 반드시 읽어야 하는 고전 목록에 이름을 올려놓고 있지요. 그건 이 책에 인간과 정치에 대한 냉정하고 이성적인 분석이 담겨 있기 때문일 거예요. 이를테면 인간에 대해서 다음과 같이 이야기합니다. "인간은 고마워할 줄 모르고, 변덕스럽고, 거짓말을 잘하고, 남을 잘 속인다. 위험은 피하려 하고, 이윤은 좋아한다." 사람들이 좋아할 만한 얘기는 아니지만 틀린 얘기도 아니죠. 『군주론』은 이렇게 성악설을 기본적인 바탕에 두고 이야기를 펼쳐나갑니다.

여러분은 지도자가 되었을 때, 예를 들어 한 조직의 팀장이 된다면 사랑받는 팀장이 되고 싶으신가요, 사람들이 무서워하는 팀장이 되고 싶으신가요?

마키아벨리는 이 문제에 대해 "존경받기보다는 두려움의 대상이 되는 것이 낫다"라고 말하죠. 인간은 두려움을 불러일으키는 군주보다 존경하는 군주를 해칠 때 주저함이 덜하다고 근거를 들면서 말입니다. 직장 생활을 생각해보면 이 말이 쉽게 이해가 되는데요. 늘 못되게 구는 상사가 일을 시키면 뒤에서 욕은 할지라도 칼같이 완수하는 반면 착하고 물렁한 상사가 일을 시키면 느슨해지는 경향이 있습니다.

『군주론』의 단점은 인간을 너무 이기적이고 배은망덕한 존재로 전제했다는 것인데, 읽다 보면 서글프게도 그런 전제에 수긍이 갑니다. 『군주론』이 오늘날까지 고전으로 꼽히는 이유는 인간에 대한 날카로운 통찰과 현실적인 지배론이 담겨 있기 때문입니다.

정치를 그야말로 정치 자체로 본 책

『군주론』에서는 선, 당위, 명분 같은 것들을 배제하고 효율이라는 측면에서 실질적인 지배의 기술을 설명하는데요. 그래서 무엇이 올바른가보다는 어떤 방법이 나라를 더 부강하게 할 것인가에 지향점을 두고 있어요.

『군주론』이 쓰여졌던 시대는 각 분야에서 종교의 지배력이 약해지면서 그 자리에 사람과 사람의 생활이 들어서는 때였습니다. 과학, 자연법 같은 것들이 인간의 눈을 가리던 종교라는 필터를 빼는 데 도움을 주었죠.

『군주론』은 정치와 종교를 분리해서 정치를 그야말로 정치

자체로 본 저작이라고 할 수 있습니다.

『군주론』의 시대 상황과 의미 말고도 또 하나 흥미롭게 살펴볼 것이 있는데요, 니콜로 마키아벨리는 군주들에게 어떤 군주가 '되라고' 이야기하는 것이 아니라, 어떻게 '보여야' 한다고 이야기한다는 것입니다. "군주는 좋은 자질을 모두 갖출 필요는 없지만, 가지고 있는 것처럼은 보여야 한다"고 말한 것을 보면, 이른바 이미지 관리라는 것이 떠올라요. 중요한 것은 화면에 비춰지는 모습이고, 그런 이미지대로 행동하라는 것이죠. 대중은 보여지는 이미지대로만 생각하니까요. 그래서 오늘날 스타론 같은 것을 연구할 때도 『군주론』은 큰 도움이 된다고 합니다.

　꼭 정치인이 아니라 기업인, 팀장, 리더에 대입해서 생각해보면 오늘날의 우리에게도 시사점이 많은 책입니다. 우리가 정치인이 될 확률은 많지 않아도 리더가 되고, 팀장이 될 확률은 그래도 꽤 있잖아요.

불행을 견디는 방법

니콜로 마키아벨리는 『군주론』으로 유명해졌지만 실제적인 대
표작은 『로마사 논고』입니다. 『로마사 논고』는 로마의 성공을
연구하면서 자유와 독립을 공화정의 핵심 가치로 놓고 분석한
글인데요. 공화정의 자유와 독립을 위해 어떤 것을 해야 하는지
제시합니다. 이 책은 마키아벨리가 메디치 가에 의해서 쫓겨나
하위 공무원 일을 하며 저술했다고 해요.

　니콜로 마키아벨리의 생애를 보면 그는 출세에 목을 맨 상
당한 야망가처럼 느껴집니다. 이런 사람이 승진의 희망도 없이
하위 공무원 생활을 견디는 건 정말 힘들었을 거예요. 그는 이
런 상황을 그만의 의식을 통해 버텨냈다고 하는데요. 낮에는 소
박한 옷차림으로 관청에 출근해서 공무를 처리하고요, 밤에는
제일 좋은 옷을 입고 책상에 앉아 그리스·로마 시대의 고전을
읽었다고 해요. 겸허한 마음으로 옛 대가들과 만나기 위해서라
고 친구에게 쓴 편지에 밝혔지요.

　그의 날개 꺾인 인생을 지탱해준 것은 고전 독서였습니다.
그리고 이 독서로 인해 『로마사 논고』 같은 중요한 책이 나옵
니다.

니콜로 마키아벨리의 이 같은 일화를 보고 떠오르는 인물이 한 명 있어요. 알베르 카뮈의 『페스트』에 나오는 공무원 그랑입니다. 『페스트』는 알제리의 오랑 시에 갑작스레 전염병 페스트가 유행하자 그곳에 고립된 인간들에 대한 이야기를 풀어놓은 소설인데요. 서술자는 의사인 리외이지만, 리외가 이 기록의 진정한 주인공이라고 칭한 인물이 그랑입니다.

하급 공무원인 그랑은 일을 못하고 소심하기까지 하며 박봉에 시달립니다. 그랑은 아무리 급한 일이 있어도 저녁이면 개인적인 일이 있다며 사라지는데요, 사실 그에게는 멋진 소설을 쓰겠다는 꿈이 있습니다. 공무원 일이 끝나면 저녁 때는 집에 틀어박혀서 소설 쓰기에 몰두합니다. 하지만 몇 년째 진전이 없지요. 그러다가 페스트가 터져, 낮에는 공무원 일을 하고, 저녁에는 민간보건대에서 자원봉사를 한 후 밤이 되면 다시 소설을 씁니다. 그랑은 나중에 페스트에 걸리지만 이겨내고 살아납니다. 그랑이 회복된 이후 페스트는 드디어 진정 국면을 맞죠.

알베르 카뮈가 이 이야기의 진정한 주인공이 그랑이라고 말한 것은 페스트 같은 재앙과의 투쟁에서 승리는 영웅주의로 이루어지는 것이 아니라 소시민들이 자신의 자리에서 자신의 일을 다할 때 이루어진다는 이야기를 하고 싶어서였을 겁니다. 자연의 대재앙은 싸워 이기는 것이라기보다는 견뎌내는 것이니까요.

니콜로 마키아벨리의 일화를 보면서 그랑이 떠올랐던 이유는 먼저 떠나간 아내 때문에 마음 아파하고 가난에 시달리는 그야말로 불행한 상황이었지만, 밤마다 글쓰기를 하면서 인생을 지탱하는 그랑의 모습과 마키아벨리의 삶이 비슷했기 때문입니다.

니콜로 마키아벨리도 그렇고 그랑도 그렇고 글쓰기는 삶을 버티게 해주는 꿈이었을 겁니다. 꿈을 꿀 수 있다는 것, 그리고 그 꿈을 자신의 방식대로 조금이라도 실천해 나가는 것이 결국 인생을 지탱할 수 있는 가장 큰 동력이라는 생각을 해봅니다.

자! 그럼 이제 인간들만으로 만들어진 사회에 대해 이야기해볼까?

토머스 홉스 『리바이어던』

#자연법   #사회 계약설   #절대 왕정

『리바이어던』은 뱀의 모습을 하고 있다?

괴수물이라는 장르가 있죠. 괴수들 가운데는 고질라가 가장 유명합니다. 〈고질라〉는 1954년 일본에서 만들어진 영화로 일본명은 〈고지라〉인데요, 개봉하고서 961만 명이 이 영화를 봤다고해요. 1950년대에 거의 1000만 명의 사람이 본 영화이니 지금처럼 극장 시설의 접근성이 뛰어나지 않았다는 것을 고려해보면 그야말로 초메가 히트작입니다. 1998년 미국판으로 리메이크되면서 〈고질라〉라는 이름이 붙여졌는데요, 사실 이름을 새로붙였다기보다는 'Godzilla'를 원래 발음대로 한 것입니다.

고질라는 일본어로 고래를 뜻하는 '구지라クジラ'와 '고릴라'의 합성어라고 합니다. 크고 거대한 괴물을 설정하면서 굳이 고릴라를 가져다 붙인 이유는 1933년 영화인 〈킹콩〉에서 영향 받은 것이라고 하죠.

괴수물은 특수촬영물을 뜻하는 특촬물의 하위 장르로 상당히 일본적인 색채가 강한 영화 장르이지만, 괴수의 전통은 일본에만 있는 게 아닙니다. 서양권의 대표적인 괴수로는 구약성서에 등장하는 바다 괴물인 '레비아탄Leviathan'이 있습니다. 이것을 원어에 가깝게 읽으면 '리바이어던'입니다.

성경에 묘사된 리바이어던의 모습은 악어 같기도 하고 뱀 같기도 한데, 뱀에 가깝다고 보는 시선이 더 많습니다. 온몸이 엄청나게 딱딱한 비늘로 덮여 있고 등에 방패 같은 돌기가 솟아 있는 모습을 하고 입에서 불을 뿜는다고 해요. 그러고 보면 북유럽 신화에도 신들의 황혼이자 세계의 마지막인 라그나로크가 일어날 때, 신들과 맞서 싸우는 괴물들이 등장하는데, 신 중에서 가장 강력한 토르를 쓰러뜨리는 괴물이 거대한 뱀인 요르문간드Jormungand거든요. 아무래도 뱀은 인간이 제일 싫어하는 동물 중 하나임에 틀림없는 것 같습니다.

어쨌거나 리바이어던은 서양권을 대표하는 유명한 괴수 중 하나인데요, 여기서 이런 의문이 듭니다. 왜 토머스 홉스는 리바이어던이라는 이름으로 국가를 지칭했던 걸까요? 성경에 의하면 리바이어던은 강력하고 사악한 괴수거든요. 그런데 이 사악한 괴물이 국가의 은유가 된 이유는 무엇일까요?

만인의 만인에 대한 투쟁 상태

토머스 홉스는 "우리는 왜 국가에 복종해야 하는가?"라는 질문에 답하고 싶어 합니다. 흔히 하는 말 중에 이런 게 있잖아요. "도대체 국가가 나한테 해준 게 뭐야?" 국가는 시시때때로 세금을 걷어가고, 군대 복무라는 의무를 부여하는 등 시민으로서 응당 해야 할 의무를 고지합니다. 딱히 누릴 수 있는 권리는 많지 않은 것 같은데, 의무는 엄청 눈에 띄거든요. 게다가 가끔은 가진 사람에게는 관대하고 가지지 못한 사람에게는 엄격한 모습을 보이기도 합니다. 그런데도 우리는 국가의 법을 따라야 합니다. 도대체 왜 그래야 할까요?

먼저 토머스 홉스는 국가의 구성원인 인간에 대해 분석해요. 인간은 저마다 자유롭고 평등하며 생존을 위해서는 무엇이든지 할 수 있는 권리인 '자연권'을 가지고 있다고 말합니다. 그러나 한편 인간은 감각에 의해서 외부를 인지하고 경험적으로, 그러니까 보고 들은 대로만 진리나 도덕을 파악하다 보니 불완전할 수밖에 없다고 분석합니다. 이러한 인간들을 움직이는 동력은 진리나 도덕이 아니라 정념입니다. 바로 욕망이죠. 쉽게 얘기하면 눈에 보이는 것, 단순한 것을 가지고 싶어 하는 것이 인간이란 말입니다. 이렇게 보니 니콜로 마키아벨리 이후로 인간에 대한 평가는 이기적이고 원초적이라는 것이 대세를 이루고 있네요.

인간이 갖고 있는 욕망 중 가장 강력한 것은 아마 권력일 것입니다. 그런데 인간의 신체적 능력이나 정신적 능력은 거의 비슷해서 자연권을 무한히 추구하다 보면 늘 갈등과 전쟁 상태가 될 수밖에 없습니다. 가지고 싶은 것들은 비등비등한데, 그것을 가지기 위한 능력 역시 비등비등하니까요. 바로 여기서 그 유명한 말인 "만인의 만인에 대한 투쟁 상태"라는 토머스 홉스의 말이 나오는 거죠.

자연법과 사회계약설

예능 프로그램 중 〈런닝맨〉이라는 프로그램은 초창기에 이름표 떼기 게임으로 큰 인기를 끌었습니다. 이 게임의 규칙은 간단합니다. 참가한 멤버들의 등 뒤에 이름표를 붙여놓고 그것이 떼어지면 탈락하고, 끝까지 이름표를 지키면 살아남아 최종 승자가되는 것이지요.

아무래도 스피드가 빠르고 힘이 센 사람이 유리할 수밖에 없는 게임입니다. 그래서 상대적으로 약한 사람들은 합종연횡을 해요. 그러니까 두세 사람이 동맹을 맺어 공격하는 겁니다. 혼자서는 힘이 약하니까 사회적 관계를 형성하는 거죠. 여기서 반전은 동맹을 맺은 상대라서 안심하고 있었는데, 갑자기 배신하고 이름표를 떼가는 경우가 종종 있다는 겁니다. 순간 '배신자'라는 소리를 들을지언정 결국 살아남아 상금을 차지할 수 있으니 이런 일이 생깁니다. 아예 등장인물 중에 '배신자'라는 캐릭터가 있을 정도였으니까요.

이런 게임의 성격이 교육적이지 않다고 해서 어린아이들의 시청을 금지한 부모들도 꽤 있었는데요, 어떻게 보면 가장 현실적이고 교육적인 프로그램이기도 합니다. 이런 상태야말로 "만인의 만인에 대한 투쟁 상태"라는 말을 설명하기 딱 좋으니까요.

동맹을 맺어도 서로 안심하지 못하고 같이 행동하면서도 끊임없이 경계하는 모습이 기억에 남는데요, 단순한 게임도 이런데 이게 실제 목숨이 달려 있는 상황이라면 사람들이 받는 스트레스와 압박감은 생존에 지장을 줄 정도로 심각할 겁니다. 언제라도 누군가 내 뒤통수를 공격할 수 있는 상태가 지속되면 폭력과 공포만 남는 사회가 될 수밖에 없지요. 그리고 배신당하지 않기 위해서 할 수 있는 가장 좋은 방법은 먼저 배신하는 것이 됩니다.

그래서 사람들은 그러지 않기로 약속을 해야 합니다. 자신의 생존을 위해 사람들 사이에서 자연적으로 맺어진 최초의 법인 '자연법'이 생겨난 이유입니다. 자연법 아래 서로 해치지 않기로 계약을 맺는 행위를 '사회계약설'이라고 합니다. 그런데 계약이라는 것은 그것을 지키고 보증해줄 주체가 없으면 그냥 어겨도 그만인 거거든요. 따라서 이런 약속을 지키지 않는 사람을 강력하게 처벌할 공권력이 필요합니다. 그게 바로 리바이어던이고, 우리가 아는 말로는 국가인 거죠.

차라리 독재군주가 낫다?

여기서 약간의 문제가 드러납니다. 권리를 위임한 국가의 권력이 선의로 잘 작동하면 괜찮지만 그렇지 않고 가령 독재군주처럼 잘못 작동할 때는 어떻게 되느냐 하는 문제입니다. 여기에 대해 토머스 홉스는 '만인에 대한 투쟁 상태'보다는 차라리 독재군주가 낫다고 말하며 당시의 절대왕정, 그러니까 왕이 통치하는 질서를 옹호하는 듯한 이론을 만들어냅니다. 게다가 권력은 세습되는 게 낫다는 말도 해요. 안 그러면 권력을 차지하기 위해서 또 많은 투쟁이 일어날 테니까요. 그래서 홉스의 『리바이어던』은 자연권을 주장하면서도 모순적으로 절대왕정을 옹호하는 논리적 근거를 제시해주는 책입니다.

가톨릭의 힘이 약해지고 있었고 시민의식이 성장하고 있었던 시기에 이런 주장을 펼쳤다니 얼핏 이해하기 힘듭니다. 그래서 배경을 살펴봐야 하는데요, 토머스 홉스가 살던 시대는 그야말로 혼란의 시대였습니다. 유럽 전역은 종교전쟁을 치르고 있었고, 홉스의 고국 영국은 왕권을 주장하는 사람들과 시민권을 주장하는 사람들로 나뉘어 싸우고 있었죠. 국왕 찰스 1세의 실정이 이어지자 올리버 크롬웰은 의회의 대표가 되어 내전을 벌입니다. 참고로 찰스 1세의 실정에는 권력을 잡은 버킹엄 공작의 무능이 큰 역할을 했어요. 이 버킹엄 공작이 알렉상드르 뒤마의 소설 『삼총사』에 나오는 바로 그 버킹엄 공작입니다. 프랑스 왕비와 바람을 피우다가 나중에는 암살되고 마는 영국의 유력자로 묘사되었죠.

찰스 1세는 내전에서 패해 올리버 크롬웰에게 잡혀 처형 당합니다. 그리고 크롬웰은 드디어 공화정을 선포합니다. 이것이 바로 크롬웰이 일으킨 청교도혁명입니다.

만인의 만인에 대한 투쟁 상태를 몸소 보여준 토머스 홉스

토머스 홉스는 왕권을 지지하는 왕당파였습니다. 그건 홉스의 직업과도 관계 있습니다. 가난한 집안에서 태어난 홉스는 삼촌의 도움으로 학업을 마치지만 출셋길에는 한계가 있을 수밖에 없었어요. 대학을 졸업한 홉스는 바로 귀족 집안의 집사로 취업합니다. 흔히 이야기하는 '댕댕이'나 '냥이' 집사가 아니라 진짜 집사요. 주 업무는 귀족의 비서나 그 자녀들의 가정교사 같은 역할이었어요. 평생 귀족의 집사로 산 홉스가 왕정을 지지하는 것은 어쩌면 당연한 일이었습니다.

하지만 계속 왕당파만 고집한 것은 아닙니다. 올리버 크롬웰을 피해 파리로 피신한 토머스 홉스를 왕당파가 몰아세우자, 이번에는 크롬웰 편에 섭니다. 그러나 이후 공화정이 무너지고 찰스 2세가 권력을 잡자, 또 다시 왕당파인 찰스 2세 편에 섭니다. '만인의 만인에 대한 투쟁 상태'는 이러한 홉스의 처신을 그대로 보여주는 수사라고도 할 수 있을 것 같아요. 이렇게 보면 참 재밌지 않나요?

중간에 살짝 변심했지만 기본적으로 토머스 홉스는 절대왕정의 지지자입니다. 잘못된 통치를 하는 왕이라도 '만인의 만인에 대한 투쟁 상태'보다는 낫다는 개념으로 왕이 필요한 지배 근거를 제공했지요. 서로 해치지 않겠다는 계약을 어겼을 때 국가가 강력한 권력을 가지고 무자비하게 처벌해야 이 계약이 유효할 수 있습니다. 따라서 국가는 리바이어던 같은 강력한 힘을 가져야 하는 겁니다.

교회 권력과 절대 왕정 두 축에게 모두 비판받은 시대의 금서

홉스의 『리바이어던』은 당시 교회의 강력한 비판을 받았습니다. 이전 시기에는 교회와 왕이 권력을 두고 대립했으나 이때에는 새로 등장한 시민 세력이 왕권과 권력을 두고 싸우던 시기였습니다. 새로운 시민 세력은 새로운 종교, 그러니까 프로테스탄티즘을 등에 업고 있었고, 왕권파는 기존 가톨릭교회와 연합하거든요. 홉스는 왕권의 지지 세력이었던 기존 가톨릭교회의 권력을 비판합니다. 보통 우리가 『리바이어던』을 이야기할 때는 총 4부 중 1~2부 정도를 이야기하는데요, 뒤의 3~4부는 당시 교회 권력에 대한 비판을 담고 있습니다. 3~4부를 한마디로 요약하면 교회 권력보다 리바이어던, 그러니까 정치 권력이 현실에서는 우위에 있다는 얘기입니다. 그래서 교회는 『리바이어던』을 금서로 지정하기도 했습니다.

홉스가 지지한 찰스 2세 역시 홉스의 책을 출판 금지했습니다. 홉스는 찰스 2세와 절대왕정을 지지했는데 왜 금서로 지정되었을까 하는 의문이 들 거예요. 그런데 '절대왕정에 대한 지지'라는 결론은 현실적인 타협안일 뿐, 홉스의 본질적인 이론은 인간은 평등하다는 것을 전제로 합니다. 평등하다 보니 투쟁 상태가 되고, 그런 상태를 극복하기 위해 절대왕정이 필요하다는 거지요. 이런 경우, 국가의 권력은 시민들로부터 나온다는 걸 전제하게 됩니다. 하지만 절대왕정의 입장에서 권력은 신으로부터 왕이 부여받은 신성한 것이어야 하거든요. 그러니 홉스가 결론적으로 절대왕정을 지지했더라도 이론의 본질상 인정받기 힘들 수밖에 없었습니다.

게다가 당대의 토머스 홉스에 대한 개인적인 평가가 박하기도 했습니다. 그건 홉스의 오락가락하는 정치 행보가 자초한 측면도 분명히 있습니다. 200년 정도 지난 다음에야 비로소 홉스에 대한 평가는 긍정적으로 바뀝니다.

모순적인 토머스 홉스의 주장

『리바이어던』의 전체적인 내용은 인간은 그냥 놔두면 싸우니까, 서로 싸우지 않기로 약속을 하는데, 그 약속을 지키게 강제하는 역할을 할 국가가 필요하고, 그 국가는 정의롭거나 정당할 필요는 없다, 국가는 이 계약을 이행할 만한 공권력만 가지면 된다는 정도로 얘기할 수 있어요. 홉스의 주장에 따르면 시민의 의무는 국가에 무조건 복종하는 거예요. 홉스의 주장은 상당히 모순적인데요, 결국 국가, 왕에게 복종하면서 자유를 획득하라는 말이 되기 때문이에요. 여기서 자유라는 개념은 법이 정한 테두리(정확히는 왕이 정한 테두리) 안에서 마음먹은 것을 할 수 있는 권리 정도라고 보면 될 것 같아요.

토머스 홉스는 그의 이런 정치철학에 굉장히 충실해서 어떤 형태의 체제라도 받아들여 위험을 회피하며 삽니다. 홉스는 91세까지 가늘고 길게 살았는데요, 이것이 과연 바람직한 삶인지는 그의 이론이 옳은 것인가와는 별도로 이해해야 합니다.

성경에 나오는 괴물들

앞서 말했듯 리바이어던은 성경에 나오는 괴물의 이름입니다. 성경에는 간혹 괴물들이 등장하는데요. 대부분 환상이나 예언 속에 존재하지만, 어떤 괴물들은 실체가 묘사되어 있기도 합니다.

창세기와 민수기 등에 나오는 네피림Nephilim은 거인 종족이에요. 천사들이 인간 여자와 결혼해서 낳은 자손들인데 키가 4미터 정도이거나 그보다도 더 크다고 합니다. 기독교인이 아니더라도 소년 다윗과 거인 골리앗의 싸움에 대해 아는 분이 많을 텐데요, 거인 골리앗이 바로 이 네피림의 후손입니다. 사실 거인은 성경뿐 아니라 여러 신화와 전설, 그림 등에서도 많이 찾아볼 수 있어서 그런 종족이 실재했다는 추론이 그럴듯하게 여겨지기도 합니다.

욥기와 시편에서는 베헤모스Behemoth라는 괴물이 등장하는데요, 리바이어던이 바다에 사는 괴물이라면 베헤모스는 육지에 사는 괴물입니다. 둘 다 바다에 기거하면 바닷물이 넘치기 때문에 어쩔 수 없이 베헤모스는 육지에서 살게 되었다고 해요. 엄청 큰 괴물로 표현되는 베헤모스는 모습에 대한 자세한 묘사가 없기 때문에 하마나 코끼리 같은 생물 형태가 아닐까 추론되고 있습니다.

성경에 직접적으로 등장한 괴물은 아니지만, 오늘날 서양 문화에 많은 영향을 준 문어도 있습니다. 구약성서 레위기와 신명기에 걸쳐 "무릇 지느러미와 비늘이 없는 것은 너희가 먹지 말지니 이는 너희에게 부정하니라" 같은 표현이 있어서 서양권에서는 문어, 오징어 같은 바다 생물을 기피하고 잘 먹지 않습니다. 그러다가 문어는 악의 상징처럼 되어버려서 때때로 괴물화되기도 합니다.

마블 히어로로 유명한 〈스파이더맨〉의 대표 빌런 중 하나인 닥터 옥토퍼스는 바로 문어를 모티브화 한 것입니다. 그리고 〈캐러비안의 해적〉에서는 오징어 모습의 크라켄이 배를 습격하는 장면이 나오고요. 마블의 영화 〈가디언즈 오브 갤럭시 2〉의 첫 전투 장면은 멤버들이 거대한 문어 괴물과 싸우는 모습입니다. 디즈니의 애니메이션 〈인어공주〉에서는 사람과 문어가 결합한 모습의 마녀 우슬라가 빌런 역할을 합니다. 서양권에서 문어와 오징어 같은 모습의 괴물들이 유난히 많이 보이는 것이 결코 우연이 아닌 것이죠.

무인도에 숨겨진
2가지 중요한 의미

대니얼 디포 『로빈슨 크루소』

#프로테스탄티즘   #청교도혁명   #노예제도   #제국주의

28년간의 무인도 생존기

베어 그릴스는 세계 최고의 생존 전문가입니다. 디스커버리 채널에서 오지나 극한 상황에서의 생존 프로그램을 진행하고 있는데, 뱀을 날로 씹어 먹기도 하고, 악어와 맨손으로 싸워 이기기도 하죠. 곤충을 먹으면서 "이건 훌륭한 단백질 공급원입니다" 같은 대사를 날리는 것으로 유명합니다.

곤충뿐 아니라 짐승의 눈알, 내장 등을 닥치는 대로 먹어대는 그의 무자비한 식성에 가려져 그의 전문성이 빛을 덜 받는 측면이 있지만, 베어 그릴스는 여러 극한 상황에서의 생존 방법을 아주 잘 아는 사람이에요. 그야말로 무인도에 혼자 데려다 놓아도 살아날 인물인데요, 실제로 무인도에서 살아남기를 주제로 프로그램을 진행한 적도 있습니다.

하지만 이런 사람도 무인도에서 28년 동안이나 살 수는 없을 겁니다. 여기 베어 그릴스를 뛰어넘는 세계 최고의 생존 전문가가 있습니다. 베어 그릴스보다 무려 300여 년 전 인물, 로빈슨 크루소인데요. 물론 실존 인물은 아니지만, 따지고 보면 베어 그릴스도 TV 프로그램이 만든 캐릭터잖아요.

『로빈슨 크루소』가 처음 발표됐을 때는 로빈슨을 실존 인물로 아는 사람도 상당히 많았다고 합니다. 당시는 아직 소설이라는 작법이 확립되지 않았던 때라서 작중 화자를 '나'라고 칭하고 쓰는 1인칭 작품이 거의 없었다고 해요. 그런데 대니얼 디포는 『로빈슨 크루소』를 진짜 조난기처럼 보이게 하기 위해 '나'라는 화자를 내세워 이야기를 전개해 나가요. 그래서 당대에는 실제 조난 당한 사람이 쓴 이야기로 알려지기도 했습니다.

사실 『로빈슨 크루소』는 조난 당해 무인도에서 4년간 산 스코틀랜드의 선원 알렉산더 셀커크의 실화에 영감을 받아 쓰여진 작품입니다. 그러니 당대에는 이런 무인도 표류기가 어딘가에는 있을 법한 그럴듯한 이야기였던 거죠.

사실은 엄청 긴 『로빈슨 크루소』의 원제

『로빈슨 크루소』의 원제를 살펴보면 흥미롭습니다. 우리가 알고 있는 것보다 훨씬 길거든요.『요크의 선원 로빈슨 크루소의 생애와 이상하고 놀라운 모험The Life and Strange Surprising Adventures of Robinson Crusoe of York』정도로 알려져 있지만 사실 이것도 줄인 제목이고, 진짜 원제는『조난 당해 모든 선원이 사망하고 아메리카 대륙 오리노코 강 하구 근처 무인도 해변에 표류해 스물 하고도 여덟 해 동안 홀로 살다가 마침내 기적적으로 해적선에 구출된 요크 출신 뱃사람 로빈슨 크루소가 들려주는 자신의 생애와 기이하고도 놀라운 모험The Life and Strange Surprizing Adventures of Robinson Crusoe, Of York, Mariner: Who lived Eight and Twenty Years, all alone in an un-inhabited Island on the Coast of America, near the Mouth of the Great River of Oroonoque; Having been cast on Shore by Shipwreck, wherein all the Men perished but himself. With An Account how he was at last as strangely deliver'd by Pyrates』입니다.

이렇게 긴 제목에서『로빈슨 크루소』의 줄거리를 짐작할 수 있습니다. 그야말로 제목이 스포인데요. 지금으로서는 기이하다 싶을 정도로 긴 제목이지만, 당시에는 이런 문장형 제목이 많았다고 하니 한때 유행 같은 거였나 봅니다.

다큐 같은 모험 이야기

제가 어린 시절 정말 좋아했던 두 모험 이야기가 있는데, 그중 하나가 바로 『로빈슨 크루소』입니다. 방이나 침대에 이불이나 의자 같은 것으로 조그맣게 자기만의 영역을 만들고 로빈슨 크루소 놀이를 한 기억이 누구에게나 한 번쯤은 있을 겁니다.

좋아했던 또 하나의 모험 이야기는 로버트 루이스 스티븐슨의 『보물섬』이에요. 짐이란 어린 소년의 모험 이야기인데요, 『보물섬』에 나온 매혹적인 해적 실버 선장은 오늘날 대중문화에까지 영향을 미치고 있는 해적 캐릭터의 전형입니다. 〈캐리비안의 해적〉에 나오는 잭 스패로우나 일본 애니메이션 〈캡틴 하록〉의 하록 선장 같은 해적 캐릭터는 모두 『보물섬』 실버 선장의 영향권 아래 있다고 봐도 무방합니다.

『보물섬』이 환상적인 모험을 그린 판타지라면, 『로빈슨 크루소』는 현실적인 모험을 그린 다큐 같은 느낌입니다. 28년간 무인도에서 혼자 산 로빈슨 크루소의 이야기는 역경을 극복한 감동적인 인간의 표상으로서 큰 감동을 줍니다. 그러나 사실 『로빈슨 크루소』는 직접적으로 읽히는 내용이 다가 아닌 복잡한 이야기인데요, 어떤 면에서는 무서운 이야기라고 할 수도 있어요.

줄거리는 이렇습니다. 모험을 좋아하는 로빈슨 크루소는 아버지의 만류에도 불구하고 바다로 나가는데, 해적의 노예가 되는 경험까지 했는데도 도무지 도전에 대한 열정이 식을 줄 모릅니다. 브라질에서 농장을 경영하던 로빈슨 크루소는 모험심을 참지 못하고 또 다시 배에 올랐다가 난파되어 무인도에 표류하게 됩니다. 처음에는 좌절했지만 곧 곡식을 추수하고, 가축을 키우면서 무인도에 적응해 나갑니다.

그러다가 원주민들에게 잡아먹힐 뻔한 또 다른 원주민인 프라이데이를 구하는데요, 프라이데이를 문명화시켜서 자신의 종으로 삼아요. 드디어 로빈슨 크루소는 '나 혼자 산다'에서 벗어나 프라이데이와 같이 섬 생활을 하게 됩니다.

하지만 이 둘만의 생활은 곧 끝납니다. 이 섬에 번듯한 영국 배가 나타난 거예요. 정규 항로에서 한참 벗어난 이 무인도에 영국 배가 찾아온 것은 정상적인 상황은 아니라는 거거든요. 알고 보니 배 안에서 반란이 일어나 반란을 일으킨 무리가 선장을 포함해 몇 명을 섬에 유기하려고 로빈슨 크루소의 영역에 침입한 것입니다. 로빈슨은 곤경에 처한 선장 일행을 구출하고, 그를 도와 반란을 일으킨 무리를 진압합니다. 그 덕분에 다시 배를 차지하게 된 선장은 로빈슨을 영국으로 돌아오도록 도와줍니다. 28년 만의 귀환이었지요.

청교도혁명의 실패와 그에 따른 핍박

『로빈슨 크루소』의 줄거리는 어렸을 때 읽었던 기억 그대로입니다. 그런데 어른이 된 후 읽은 이야기는 조금 달리 보입니다. 로빈슨 크루소가 살던 시대는 중세가 지나고 슬슬 시민 의식이 깨어나던 시기였거든요. 유럽에서는 마르틴 루터의 95개조 의견서 이후 종교개혁이 속속 일어나 가톨릭교회에 대항합니다. '프로테스트Protest'는 항의, 반대라는 의미인데 프로테스탄티즘 Protestantism은 '프로테스트'에서 이름을 따서 가톨릭교회에 반대한 기독교 사상을 부르는 말이 됩니다. 한국에서는 이런 새로운 흐름의 교회를 개신교라고 하죠.

종교개혁의 영향으로 유럽에는 루터교, 장로교, 감리교 등여러 개신교가 등장하는데, 영국에서는 성공회가 나왔습니다. 성공회는 다른 개신교들과는 좀 다른 과정을 거쳐 생겨났습니다. 여섯 번 결혼한 왕 헨리 8세가 자신의 이혼을 문제 삼는 가톨릭교회의 간섭을 회피하고자 가톨릭교회를 탈퇴해서 만든 종교거든요. 그러니 교회의 수장이 교황이 아니라 국왕인 것뿐 가톨릭과 다를 바 없었어요. 그래서 영국성공회 안에서 진정한 의미의 종교개혁이 이뤄져야 한다고 본 사람들이 모여서 만든 것이 바로 청교도입니다.

그러니까 청교도는 프로테스탄티즘의 한 분파라고 할 수 있습니다. 국왕이 수장인 성공회에 대한 반발로 일어난 청교도 운동은 국왕에 대한 반항처럼 인식되어서 청교도들에 대한 박해가 심할 수밖에 없었습니다.

제임스 1세, 찰스 1세 때 청교도들은 심한 박해를 피해 네덜란드와 기타 지역으로 도피합니다. 그중 1620년 메이플라워호를 타고 대서양을 건너 미국 매사추세츠주 플리머스에 다다른 사람들이 있었죠. 이 102명의 사람들이 북아메리카 식민지의 최초 이주자들로 인식되고 있는데요, 이들을 미국 건국의 아버지라는 뜻으로 '필그림 파더스Pilgrim Fathers'라고 부릅니다. 참고로 필그림Pilgrim은 '순례자'라는 뜻입니다.

이렇게 영국 국왕의 박해를 피해 도망간 사람들이 있는 반면, 영국 안에서 세력을 넓혀가며 정면 대결한 사람들도 있었는데요. 그 세력이 1640~1660년 청교도혁명을 이끌어냅니다. 올리버 크롬웰이 이때 청교도들을 박해했던 국왕 찰스 1세를 처형했다는 것은 앞선 『리바이어던』 편에서도 이야기한 바 있습니다.

하지만 이 혁명은 실패하고 다시 국왕 체제로 돌아가 찰스 2세가 왕권을 잡게 되는데요, 그러면서 청교도에 대한 핍박은 더욱 심해집니다. 『로빈슨 크루소』가 발간된 1719년은 이렇게 청교도혁명은 실패했지만, 많은 영국인들이 청교도적인 삶을 추구하던 시기입니다. 『로빈슨 크루소』에는 이 청교도적인 정신이

진하게 배어나오는데요. 대니얼 디포의 집안이 프로테스탄티즘인 장로교도이자 부유한 상인이었기 때문이죠.

청교도 정신과 로빈슨 크루소

프로테스탄티즘은 미국의 중요한 사상적 배경이자, 자본주의의 종교적 배경이 되는 사상이라고 할 수 있어요. 그런데 사실 이 조합은 좀 어색합니다. 금욕적인 생활을 지향하는 프로테스탄트들이 부자가 되려고 하는 것은 얼핏 보기에도 상당히 모순적이거든요. 막스 베버는 『프로테스탄트 윤리와 자본주의 정신』에서 어째서 금욕과 도덕을 강조하는 청교도의 윤리가 돈을 추구하는 자본주의와 결합하게 되었는지 이유를 밝혀놓았습니다.

청교도들은 누가 보든 안 보든 노력과 근면을 통해 자신의 직분이나 일을 충실하게 수행하는 것이 신을 섬기는 방법이라고 생각합니다. 그리고 그 결과로 부가 축적되면 그것은 곧 하나님의 은혜를 받은 것이라고 여기죠. 이들에게 부자가 되는 것은 근면하게 열심히 살았다는 방증이기도 합니다. 제대로 청교도적인 생활을 하고 신을 믿는다면 당연히 부자가 될 수밖에 없는 것이지요. 신의 축복을 받았다는 증거가 '부'이니까요. 이렇게 프로테스탄티즘은 신을 믿는 사람들이 부자가 되어야 하는 당위를 만들어놓습니다.

『로빈슨 크루소』에는 이런 청교도 정신이 여실히 드러나는데요. 로빈슨 크루소가 무인도에서 부지런히 몸을 움직여 그 섬을 자신의 왕국으로 만들어가는 과정이 바로 청교도가 주장하는 논리와 일치합니다. 농사를 짓고, 사람이 오지 않는데도 요새를 만들고, 남은 식량은 창고를 만들어 비축하죠. 염소를 기르는 자신만의 목장도 있어요.

사실 무인도로 오기 전까지 로빈슨 크루소는 이렇게 열심히 살지 않았습니다. 신앙인의 눈으로 해석해보자면 그렇기 때문에 그 벌로 무인도에 오게 된 거나 마찬가지인데요. 무인도에 와서는 그야말로 금욕적으로 생활하고, 규칙적이고 성실한 노동을 이어갑니다. 무엇보다 기도하는 생활을 잊지 않아요. 그러다가 프라이데이를 만나 그를 기독교로 개종시키고, 같이 청교도적 생활을 하죠. 이런 노력의 결과가 결국 무인도 탈출로 이어집니다.

로빈슨 크루소가 섬에서 나올 때, 무인도는 사람이 큰 어려움 없이 살 수 있을 정도로 풍요로워졌습니다. 모두 로빈슨이 28년 동안 게으름을 피우지 않고 열심히 섬을 가꾼 덕분이지요. 그리고 육지로 돌아온 로빈슨은 28년 전 맡겼던 재산을 성실하게 관리해준 사람들 덕분에 부자가 됩니다. 충실한 청교도는 현실의 보상을 받아야 하니까요.

프로테스탄티즘이 전 세계로 뻗어 나갈 수 있었던 까닭

기존 가톨릭의 폐해에 반발해서 새로운 대안으로 떠오른 프로테스탄티즘은 자본주의와 결합해서 부자가 되어야 할 당위를 제공해주는데요, 이것이 바로 프로테스탄티즘이 가톨릭을 누르고 전 세계적으로 퍼질 수 있었던 이유입니다. 청교도적인 생활을 하면 심지어 무인도 같은 곳에서도 부자가 될 수 있다는 것을 보여준 예화가 바로 『로빈슨 크루소』입니다. 그리고 이 같은 생각은 미국 건국의 강력한 추진력이 되었지요. 지금도 미국은 열심히 일해 부자가 되는 아메리칸 드림을 꿈꾸는 청교도의 나라입니다. 미국 사람들이 부자에 대한 존경심이 있는 건 이러한 전래를 거쳐왔기 때문입니다. 자신의 힘과 능력, 그리고 신의 은총으로 부자가 된 것이기 때문에 그 돈을 어떻게 쓰든 그것은 크게 상관없다고 생각해요.

반면 한국에서는 부자에 대한 시선이 그렇게 좋지만은 않죠. 대단한 부를 쌓을수록 부의 축재 과정에서 무언가 부정한 일이 있었을 것이라는 의심의 시선이 있기 때문입니다. 실제로 한국은 경제 발전을 이룩하는 과정에서 정경유착으로 특혜를 받아 부자가 된 사람들이 종종 있으니까요.

부자들 자체도 미국과 한국 사람들 사이에는 생각 차이가 나는데요. 미국의 부자들은 부는 신의 은총이니 다시 돌려줘야 한다는 생각을 갖고 있습니다. 그래서 사회사업과 기부에 관심이 많죠. 빌 게이츠 같은 부자들이 은퇴 이후 재단을 운영하며 기부 활동에 매진하는 것은 단순히 호사스러운 취미 생활만이 아닙니다. 사고의 배경이 청교도에 있기 때문입니다.

물론 미국도 지금은 이런 종교적인 생각이 많이 희석되어 초창기 청교도적인 분위기와는 달리 바라봐야 합니다. 그래도 한 사회가 성립될 때 큰 역할을 했던 종교의 기본 개념과 사고의 방식은 언제나 그 사회에 배경으로 깔려 사람들의 세계관으로 작용하는 법이지요.

로빈슨 크루소의 탐험은 벤처사업이다?

성실하게 일해야 하는 이유를 제공함으로써 풍요를 이룰 수 있다는 점은 프로테스탄티즘의 긍정적인 측면이지만 부정적인 측면도 만만치 않습니다.『로빈슨 크루소』에는 그 점이 잘 묘사되어 있습니다. 기독교를 믿지 않는 '야만인들'을 인간 취급조차 하지 않는 것이죠.

로빈슨 크루소는 대화 한 번 해보지 않고 무인도에서 만난 원주민들을 아무런 죄의식 없이 죽입니다. 원주민은 그저 그림자로 묘사되는데, 인간이 아니라 마치 사물을 대하는 것 같습니다. 그가 목숨을 구해준 원주민 프라이데이는 개종해 로빈슨보다 더 열심히 신앙 생활을 했기 때문에 '종으로 삼을 만'했던 것이죠. 청교도 정신으로 무장한 미국의 개척자들이 기독교로 개종하지 않은 인디언들을 학살한 역사적 사실과 다를 바 없어요. 종교가 같은 신을 믿지 않는 사람들에게 무자비할 이유를 제공하는 좋은 당위가 된 것이지요. 참 아이러니한 일이죠?

『로빈슨 크루소』가 발표된 1719년은 유럽 여러 나라들이 식민지 개척에 나선 때였어요. 다소 후발주자였던 영국은 카리브해와 북미 지역에서 설탕, 담배, 목화 등의 원료를 가공해 유럽에 팔아 큰 돈을 남겼지요.

담배나 목화 등을 재배하기 위해서는 노동력이 필요했습니다. 그래서 당시 영국에선 배를 한 척 사가지고 선원들을 고용해 삼각무역을 하는 것이 대표적인 사업이었어요. 필요한 노동력을 충당하기 위해 칼이나 철을 배에 싣고 아프리카 현지 노예상에게 가 싣고 온 것들과 노예들을 교환했죠. 그리고 북미나 남미로 가서 이 노예들을 다시 농장주들에게 팔고, 이들이 생산한 담배와 목화, 사탕수수 등을 싣고 본토에 도달하면 한순간에 거액을 움켜쥘 수 있었어요. 삼각무역에는 위험 요소도 만만치 않았는데요, 배를 타고 바다로 나가는 과정에서 해적을 만나거나 난파를 당하기도 했으니까요. 그래도 성공하면 거액을 벌 수 있었기 때문에 많은 이가 모험에 나섰습니다.

로빈슨 크루소 역시 이런 무역에 나섰다가 난파된 거거든요. 오늘날로 치면 삼각무역은 일종의 벤처사업 같은 거였다고 볼 수 있는데요, 로빈슨 크루소의 이야기는 실패한 벤처기업인이 좌절과 역경에 굴하지 않고 권토중래해서 다시 성공하는 이야기와 크게 다르지 않습니다.

알고 보면 식민지 개척에 대한 이야기

『로빈슨 크루소』를 지금까지 쭉 살펴보셨다면 제국주의의 당위성을 설명하는 이야기라는 걸 눈치챘을 겁니다. 식인 풍습 같은 악습이 남아 있는 미개인들을 교화시키고, 경작이나 가축 같은 문명을 미개한 땅에 전파하는 것이 바로 제국주의자들이 식민지에 들어갈 때 펼친 논리였거든요.

로빈슨 크루소는 반란 때문에 곤경에 처한 선장을 구출할 때 작전상이긴 했지만 어쨌든 그 섬의 총독 행세를 하거든요. 나중에 로빈슨 크루소 덕분에 그 섬에서 살게 된 사람들에게는 섬의 소유권을 분명히 밝히기도 해요.

당시 서양의 젊은 사람들은 『로빈슨 크루소』 같은 이야기를 보면서 식민지 개척에 대한 열망과 관심을 키웠을 거예요. 아메리고라는 탐험가의 이름을 따서 대륙의 이름을 아메리카라고 붙일 정도로 탐험의 결과물을 인정해주는 시대였으니까요. 새로운 식민지는 기독교를 전파해야 할 의무의 땅이기도 했지만, 더욱 중요한 것은 큰 부를 가져다 줄 기회의 땅이었지요.

유럽인들이 당시 강대했던 터키에 막혀 아시아 쪽으로 못 오고 비교적 항해하기 쉬운 아프리카 쪽으로 가서 그렇지 만약 아시아 쪽 항로를 택했다면 노예의 주 공급지가 바뀌었을 거라는 생각도 드네요. 이런 배경을 아는 이상 『로빈슨 크루소』가 유쾌한 모험 이야기로만 보이진 않습니다.

신이나 왕이 사라진 자리에
들어오는 것

몽테스키외 『법의 정신』

#삼권분립   #민주주의의 탄생   #법의 상대성

사회 형성과 법의 발생 사이에 시차가 생긴 이유는?

군집 생활을 하는 것은 사람뿐만이 아닙니다. 동물들도 생존에 대한 필요와 개체의 속성에 따라 무리를 지어 집단 생활을 합니다. 그러나 사람의 군집 생활은 '사회'라는 특별한 이름으로 불립니다. 사람으로 태어난 이상 우리는 사회에서 벗어날 수 없습니다. 관계가 있고, 저마다의 역할과 직분이 있기 때문이죠. 우리가 겪는 문제 중 대부분의 것이 사회생활에서 발생합니다. 생각과 욕망과 취향이 다른 사람들이 자신의 영역을 주장하며 모여 사는 것은 결코 쉬운 일이 아니거든요. 그래서 사람들 사이의 관계를 규정할 필요가 생겼죠. 그게 바로 법입니다.

법의 필요성은 근대에 와서야 급격하게 부각됩니다. 인간의 기본적인 조직 단위인 사회는 아주 오래전부터 존재했는데, 이렇게 시차가 발생한 이유는 사회의 크기와 구성원이 변했기 때문입니다. 예전에는 씨족 공동체나 촌락 단위의 사회여서 웬만하면 관계의 변화가 일어나지 않았습니다. 사람들 사이에 문제가 생기면 마을의 제일 어른인 촌장이 중재하거나 해결책을 제시하면 그만이었죠. 마을의 촌장은 가문의 어른이기도 해서 그가 제안하는 중재안을 따르지 않을 수 없습니다. 세간살이 하나까지 속속들이 알 정도로 가까운 사이였으니 굳이 법이 필요 없었습니다. 어느 정도의 약속만 있어도 질서가 유지됐거든요.

이런 사회에서는 국법보다 마을의 약속, 씨족의 불문율不文律이 훨씬 중요했습니다. 주로 이슬람권 국가에서 자행되는 명예살인은 이런 불문율이 법보다 우위에 있었음을 보여주는 증거입니다. 집안의 명예를 더럽혔다고 여겨지면 가족에 의해 죽임을 당하기도 했었지요. 보통 간통하거나 정조를 상실한 여성, 또는 부모님이 정해준 배우자와 혼인하지 않는 여성들이 이런 명예살인을 당했습니다. 2016년 파키스탄에서는 SNS에 노출 사진을 올린 여성이 친오빠에 의해 살해당하는 사건이 일어나기도 했지요. 2000년대에 들어서 명예살인을 법적으로 금지하는 국가도 있지만, 아직도 종종 자행되는 악습입니다.

그런데 근대가 시작되면서 사회에 변화가 생깁니다. 기술 발달로 상공업에 변화가 생기자 사람들은 도시로 몰리고, 도시로 몰려든 사람들은 익명성을 형성합니다. 사회가 커지고, 낯선 사람들과 관계를 맺게 되자 불문율만 가지고는 사회를 유지하기 어려워지지요. 법이 필요한 시대에 도달한 겁니다.

한 가지 더, 씨족사회에서 법의 집행자는 그 가족이었지만, 근대 사회에서 법의 집행자는 개인적인 관계와는 무관합니다. 법의 집행자로서 왕을 이야기하는 사람도 있는데요, 왕이 없다면 법의 집행은 어떤 식으로 이루어져야 할까요? 이에 대해 답을 내놓은 것이 몽테스키외의 『법의 정신』입니다.

민주주의를 말하는 첫 번째 책

"법 없이 살 사람"이라는 말이 있습니다. 법이 없어도 문제를 일으키지 않고 살 만큼 착한 사람이라는 뜻이겠죠. 그러나 관용적으로 쓰이는 말이지 법이 없는 상태에서 사는 사람은 없습니다.

국가에 속한 국민들은 대부분 성문화된 법의 테두리 안에 있고, 브라질 오지에 사는 토착민이라 하더라도 그들의 전통에 맞는 불문법 안에 살고 있습니다. 고조선 시대조차 8조금법이 있었으니, 사회가 형성된 이래 법은 늘 우리 곁에 존재했다고 해도 틀린 말이 아닙니다.

8조금법은 8조이지만 알려진 것은 3개 정도죠. '사람을 죽인 자는 사형에 처한다.' '남에게 상해를 입힌 자는 곡물로 배상한다.' '남의 물건을 훔친 자는 노비로 삼는다. 단 용서 받으려면 1인당 50만 냥을 내야 한다.' 생명 중시, 사유재산 존중, 신분제 사회, 화폐 사용 등 시대 배경을 짐작할 수 있는 조항입니다. 그런데 이 법은 왕이나 제사장의 주관 아래 나라를 다스리기 위한 법이었지 근대적인 개념의 법은 아니었습니다.

그렇다면 근대적인 법은 어떻게 출현한 걸까요? 근대적인 법은 시민 의식의 성장과 함께 나타났습니다. 군주국의 관리와 백성을 함께 가리키는 말이 신민입니다. 고대와 중세 시대 사람들은 신민으로 존재했지만, 인권 의식이 성장하고 왕에 대한 절대적 가치가 깨지면서 사람들은 신민에서 시민이 되기 시작합니다. 비로소 왕의 법이 중요한 게 아니라 시민들이 서로 약속한 규제나 원칙이 중요해집니다. 이것이 앞서 『리바이어던』에서 말한 '사회계약설'입니다. 사회계약설에 기초해서 시민들이 서로 합의하고 약속한 것이 바로 근대적인 법의 개념입니다. 따라서 법은 절대적이 아니라 사회, 환경, 시대에 따라 상대적인 것입니다. 정의로운 것보다 사람들 사이의 합의를 통해 실제로 지켜지는 것이 더욱 중요합니다.

『리바이어던』이 쓰였을 때만 해도 사람들이 계약을 해봤자 지켜지지 않으면 소용없으니 왕이 필요하다는 논의로 한정되었습니다. 하지만 왕이 없다면 어떻게 법을 지키게 해야 하는 걸까요? 몽테스키외는 해답으로 '삼권분립'을 내놓습니다.

민주주의 기본 토대가 되는 원리가 바로 삼권분립입니다. 그래서 이 책은 현대적 민주주의를 말하는 첫 번째 책이라는 상징성을 가지고 있습니다. 그리고 바로 이러한 이유들 때문에 아직신이 살아 있고 왕이 나라를 다스리던 시대에 금서가 되기도 합니다.

사회과학이라는 말을 붙일 수 있는 거의 최초의 책

지금은 굳이 『법의 정신』을 금서로 지정하지 않아도 아무도 읽지 않을 것 같은 책이지만, 이 책은 여러 가지 면에서 중요한 의미를 갖습니다. 우선 글의 방법론이 남다릅니다. 흔히 사회과학이라는 말을 쓰잖아요. 과학은 통계가 있어야 하고 귀납법적으로 검증되어야 하는데, 당시 인문 서적들은 글쓴이의 생각을 바탕으로 했지 과학적 방법론을 적용하지 않았어요. 그런데 몽테스키외는 『법의 정신』을 쓸 때, '법은 이래야 한다'라고 자신의 생각을 무작정 주장하지 않고 고대 그리스의 도시국가부터 중국, 심지어 일본까지 여러 나라의 법을 살펴보고, 사례들을 바탕으로 귀납법적 구성으로 저술합니다. 그러니까 사회과학이라는 말을 쓸 수 있는 거의 최초의 서적인 셈이지요.

사실 법이라는 필터를 빼고 이 책을 읽으면 사회학, 인류학 책처럼 느껴지기도 합니다. 사회적 배경과 시대적 배경들을 나열하고, 그것들이 법으로 구성되는 요소를 설명하기 때문인데요. 예를 들어 풍토가 사회에 미치는 영향을 설명하고 그것이 다시 법으로 나타나는 양태를 설명하는 식입니다.

법은 왜 존재해야 하는가?

몽테스키외는 여러 나라의 정치 체제를 종합해서 크게 공화정, 군주정, 전제정으로 나누고 각 형태에 따른 특징들을 이야기합니다. 사실 이 책의 원래 제목은 『법의 정신』이 아니라 『법의 정신, 또는 법이 각국의 정부 구성, 풍습, 기후, 상업 등의 구성과 맺는 관계에 관하여』입니다.

세계 여러 나라의 사례들을 수집해서 저술을 완성하다 보니 『법의 정신』은 자연스레 상대론적인 관점을 갖게 됩니다. 법은 어느 시대 어느 국가에나 동일하게 적용되지 않고 각 국가의 처한 상황, 시대정신 등에 따라 다르게 적용된다는 것을 보여주는 것이지요. 기독교처럼 어느 시대 어느 장소에서나 동일한 원리가 적용된다는 전제를 가진 사람들이 볼 때 이 책은 무종교적이라고 비판을 받을 수밖에 없었습니다.

그렇다면 법의 정신은 무엇일까요? 이 말은 곧 '도대체 법은 왜 존재하는가?'라는 의문의 답과 이어집니다. 간결하게 정리해보자면 '법의 정신은 개인들의 자유를 보장하는 것'입니다. 그러니까 법은 개인들의 자유를 보장하기 위해 존재하는 겁니다. 동서고금을 막론하고 인간은 누구나 권력을 쥐면 그것을 남용하는 경향이 있습니다. 그래서 몽테스키외는 권력을 제어할 수 있는 수단을 발견해 그것을 통해 모든 시민의 자유를 보장하는 것을 목표로 삼는데요, 그 결과 삼권분립을 제시합니다.

디자인드 바이 유럽, 메이드 인 미국

몽테스키외는 시대와 장소를 불문하고 여러 나라의 정치 체제와 법을 연구했습니다. 그 결과 뽑아낸 원리가 삼권분립으로 입법권, 사법권, 행정권이 분리되어서 작동한다면 서로 적절하게 견제하며 중용의 정치를 유지할 수 있고, 그것이 바로 개인들의 자유를 보장하는 길이 된다고 말합니다. 삼권분립에 대한 이 견해는 미국 건국에 큰 영향을 미쳤습니다.

미국은 세계 최초로 대통령 민주주의를 실현했다는 자부심이 있는 나라입니다. 여기에 더해 실제적으로 삼권분립을 실현한 최초의 민주적인 헌법을 가졌다는 자부심도 대단합니다. 삼권분립을 이상적으로 구현해서 독재를 방지했고, 중앙정부와 각 주의 자치를 효율적으로 구성해 초강대국으로 진화할 수 있는 기틀을 다졌지요. 삼권분립의 원리를 만든 건 유럽이지만, 그것을 실제로 구현한 것은 미국입니다. 그러니까 민주주의는 '디자인드 바이 유럽', '메이드 인 미국'인 셈입니다.

유럽은 신과 왕이 건설한 나라들이잖아요. 하지만 미국은 사람이 건설한 나라입니다. 그래서인지 미국에서 만든 히어로 영화들을 보면 평범한 사람들이 우연한 기회에 힘을 얻고 영웅이 되는 경우가 많습니다. 아이언맨은 특별한 기술을 가진 엔지니어고, 캡틴 아메리카는 특별한 약의 실험체였던 평범한 병사였습니다. 미국에서 가장 인기 많은 캐릭터인 스파이더맨은 그냥 고등학생일 뿐이었고요.

세계사에서 유례없는 민주주의 대통령의 탄생

이 시기에는 아직 왕들이 존재했지만, 시민 의식이 성장하면서 왕권과 시민권이 대립각을 형성하기 시작합니다. 하지만 올리버 크롬웰의 청교도혁명에서 볼 수 있듯, 시민이 모처럼 권력을 잡아도 그 권력자가 왕 비슷한 독재자가 될 수밖에 없어 보였습니다. 다른 통치 체제의 가능성이 보이지 않았는데요, 삼권분립 시스템이 비로소 국민들이 권력을 가진 국민 주권 국가의 길을 닦기 시작합니다.

앞서 말했듯 이 이론을 현실화시켜 지금에까지 이르게 한 데는 미국이 이바지한 바가 큽니다. 미국의 초대 대통령은 미국 건국의 아버지 조지 워싱턴입니다. 워싱턴의 능력에 대해서는 이견이 많습니다. 전투 능력, 지적 능력 등을 높게 평가하는 이야기도 있고, 생각보다 독립전쟁에서 단독으로 큰 공을 세운 바가 없고 그렇게 천재적이지도 않았다고 주장하는 이야기도 있습니다. 하지만 워싱턴의 가장 큰 업적이 평화로운 정권 교체라는 데는 큰 이견이 없습니다.

세계사에 유례없는 민주주의 대통령이 처음 탄생했는데, 사실 민중은 왕과 대통령을 구분하지 못했다고 하죠. 이때 대통령은 선출직 왕 정도의 개념이었는데요, 조지 워싱턴이 대통령직을 2선까지 큰 무리 없이 수행하자 3선에 나서달라는 요청도 많았다고 합니다. 무엇보다 그냥 왕으로 취임하라는 유혹도 있었다고 해요. 그러나 워싱턴은 2선까지만 하고 3선은 불출마할 것이라 선언해버립니다. 그러고서는 존 애덤스에게 대통령직을 넘겨주고 고향으로 돌아갑니다. 그야말로 평화로운 정권 교체가 이루어졌는데요, 이것은 민주주의의 좋은 모범으로 후세에 남습니다. 돈 많은 과부와 결혼해서 큰 재산을 소유하고 있던 워싱턴 입장으로선 아직 초기 정부에 불과해 복잡하고 할 거 많은 나랏일에 치여 지내기보다는 고향에 가서 쉬고 싶었을 것이라고 이유를 설명하는 사람들도 있지만, 그래도 역사를 살펴보면 권력을 잡은 사람이 스스로 권력에서 내려오기란 불가능에 가까워 보일 정도로 쉽지 않은 일이 분명합니다. 워싱턴의 이런 행보는 크게 찬탄할 만한 일입니다.

조지 워싱턴은 그 어디에서도 대통령이라는 직분이 가진 권한과 능력을 참고로 할 만한 것을 찾을 수 없었기 때문에 그가 한 모든 것들이 그대로 선례가 되었습니다. 만약 워싱턴이 권력에 대한 욕심으로 가득 차 있는 사람이었다면 삼권분립이라는 미국의 뼈대도 온건하지만은 않았을 것입니다. 그래서 워싱턴은 역사에서 대통령제, 민주주의의 전범을 세운 사람이라고 크게 평가받습니다.

법의 근본적인 존재 이유

저는 이 책을 읽으면서 법을 어떠한 경우에도 반드시 지켜야 하는 절대 기준으로 놓지 않았다는 점이 가장 인상 깊었어요. 법을 한 나라의 사회, 문화적 배경 등에 따라 상대적인 것으로 보고 접근합니다. 이 얘기는 법의 정당성은 시대와 환경에 따라 바뀔 수 있다는 의미거든요. 일례로 우리나라에서 간통죄는 형사 처벌 대상이었지만 2015년 헌법재판소에서 위헌 결정이 난 이후로는 도의적인 문제이지 법적 문제는 아니게 되었죠. 법은 이렇게 시대와 상황을 반영해 바뀌기도 합니다.

그렇다면 국민들의 생각이나 시대 정신에 어긋난 법이나 집행들이 있다면 그것은 '법의 정신'에 어긋난다는 얘기가 될 겁니다. 법은 '진리'가 아닙니다. 법은 '규칙'입니다. 법은 대중을 가르치고 계몽하는 것이 아니라, 서로의 자유를 침해하지 않는 선에서 대중이 최대한의 자유를 누릴 수 있는 규칙을 제공할 뿐입니다.

부자나 강한 자들에게는 면죄부가 되고 가난한 자나 약자들에게는 살생부가 되는 법은, 원래의 취지와는 많이 다른 겁니다. 그러니 시대 정신이나 국민 감정에 반하는 판결이 계속 내려지고, 그런 법이 지속적으로 입법화된다면 우리는 법의 정신에 맞는 시대를 살고 있는가를 다시 한 번 돌아봐야 합니다.

민주주의 초석을 만든 덕후의 열정

몽테스키외의 풀네임은 샤를 루이 드 스콩다 몽테스키외Charles
Louis de Secondat Montesquieu입니다. 사실 이것도 줄인 이름입니다.
완전한 풀 네임은 '샤를 루이 조셉 드 스콩다, 바론 드 라 브레
드 에 드 몽테스키외Charles Louis Joseph de Secondat, Baron de la Brède
et de Montesquieu'입니다. 이제 그를 왜 몽테스키외라고만 부르는
지 알겠죠? 이름의 길이와 가운데 들어간 '드'를 보면 짐작할 수
있지만, 몽테스키외는 귀족 출신입니다. 와인의 산지로 유명한
프랑스 보르도 지방의 귀족으로 25세에 남작 칭호를 받고 보르
도 고등법원 평의원이 되죠. 9년 뒤 고등법원장직을 사임한 몽
테스키외는 학문에 몰두합니다.

　말하자면 먹고살 걱정 없이 학문에 매진할 수 있는 환경이
었는데요, 이런 점이 참 부럽습니다. 그는 저술 활동을 하다가
1728년 유럽 여행길에 올라요. 오스트리아, 헝가리 등을 방문하
고, 이탈리아에서는 교황과 만나기도 합니다. 영국에는 18개월
동안 머물며 영국 총리와 교류하기도 했죠. 이후 자신의 영지로
귀환해 연구에 몰두하는데, 이렇게 여행에서 얻은 각국의 자료
와 식견들을 『법의 정신』에 그대로 담습니다.

유복하게 자라서 부유하게 생활했기 때문에 평생을 편안하게 살았을 것 같지만 말년에 그는 눈이 거의 보이지 않는 지경에 이르러 죽습니다. 과로 때문에 건강을 잃은 건데요. 그에게 학문은 여유로운 한량의 놀잇거리가 아니라 일생을 바친 열정의 대상이었던 겁니다.

한번 생각해보세요. 부유한 귀족으로 태어나 25세에 이미 지위를 넘겨받고 당대의 인플루언서들과 교류하는 사람이, 과연 학문에만 매진하고 살 수 있을까요? 돈 걱정 없는 편안한 여생을 보내며 사람들과 즐겁게 어울리며 파티 피플로 살 수 있는데 말이죠.

그렇게 생각해보면 다음과 같은 몽테스키외의 말은 꽤나 '덕후'스러운 말이 아닐 수 없습니다. "학문 연구야말로 인생의 온갖 번뇌에 대한 나의 최선의 처방이 아닐 수 없었던 것이, 나는 평생 한 시간의 독서로 쫓아버릴 수 없는 걱정을 가진 적이 없으니까 말이다." 바로 이런 그의 열정 덕분에 민주주의의 초석이 만들어졌습니다.

인간은 누구나 평등하다는 혁명적인 생각

장 자크 루소 『에밀』

#성선설   #프랑스혁명   #시민 의식의 성장

어린이는 시골에서 길러야 한다?

제 외가댁은 홍성의 산골에 있었어요. 기차를 타고 홍성역에서 내려 한 시간에 한 번씩 오는 버스를 기다렸다가 또 버스를 타고 한 시간을 들어가야 하는 마을이었지요. 아직도 기억나는 건 초등학생이었던 제가 세뱃돈으로 새우깡을 사 먹기 위해서 20분 정도를 걸어갔던 일입니다. 그야말로 시골이었어요.

동생과 저는 다섯 살 터울이다 보니, 제가 초등학생이었을 때 동생은 아주 어렸거든요. 둘을 다 돌보기 힘들었던 어머니는 방학만 되면 거의 매번 저를 외가댁에 보내셨어요. 그래서 저는 겨울에는 두 달, 여름에는 한 달 정도를 거의 홍성에서 보냈습니다.

막내 외삼촌을 따라다니며 비닐 포대로 만든 썰매를 타고, 웅덩이에서 수영을 하고, 때로는 무덤 옆에서 열린 비밀 회합에 참여하기도 했어요. 정확히는 제가 떼를 써서 따라간 것이지만요. 시골 생활에 대해 시인이자 소설가인 이상이 "초록의 공포"라는 말을 쓴 적 있어요. 치료차 시골에 머물면서 언제까지 머물러야 할지 기약 없는 날들이 계속되자 시골의 답답함을 표현한 은유이지요. 가끔 가면 좋지만 오랜 시간 머물다 보면 심심한 게 시골 생활이라 "초록의 공포"라는 말에 공감되는 부분도 있습니다. 그래도 제겐 어렸을 적 시골 생활의 시간이 아주 즐겁고 좋은 기억으로 남아 있어요.

어린 시절의 풍부한 정서적 경험 덕분에 지금 제가 이렇게 글을 쓰고 강의도 하고 콘텐츠도 제작할 수 있게 된 것 같아요. '어린이는 시골에서 키워야 한다'는 주장에 적극 동감하는데요, 어린이를 시골에서 키워야 한다는 주장은 갑자기 나온 게 아닙니다. 무려 그리스 시대에 플라톤이 『국가』에서 같은 말을 했고요. 『에밀』의 저자 장 자크 루소는 "아이를 잘 양육하고 싶다면 시골에 체류하면서 아이를 낳아야 하리라. 그것이 인간에게 더 자연스러운 일이며 자연의 의무를 다하는 일이다"라고 말했습니다. 단순히 시골에서 낳는 것만이 아니라 기르는 것까지 시골에서 이루어져야 한다고 주장한 것이지요.

루소의 시선으로 보았을 때 우리 사회의 어른은 극히 일부다?

『에밀』은 근대 교육에 가장 큰 영향을 끼친 책입니다. 교육에 관계된 사람이나 자녀 교육에 관심이 있는 사람이라면 반드시 봐야 할 필독서로 뽑히지만, 막상 읽어본 사람은 별로 없는 책이기도 합니다. 이렇게 유명한 책은 책 자체를 본 사람은 많지 않지만 대강이라도 내용을 아는 경우가 많은데, 『에밀』의 경우 책 내용을 아는 사람도 드물더라고요. 대부분 "책 제목만 들어보았다"고 말하는 정도이지요. 그래서 먼저 『에밀』에 대해 간단히 소개해볼까 합니다.

'에밀'은 소년의 이름이에요. 진짜 사람은 아니고, 일종의 성장형 캐릭터입니다. 장 자크 루소가 자신의 교육론을 정리하면서 가상의 소년 에밀을 만들고 그 에밀을 어떤 식으로 교육하겠다고 쓴 책이 바로 『에밀』입니다.

이 책은 5부로 나뉘어 있습니다. 에밀의 나이대에 맞춰 출생에서 5세까지 유아기, 12세까지 아동기, 15세까지 소년기, 20세까지 청년기, 그리고 결혼하기 전까지 성년기로 구성됩니다. 『에밀』은 1759년에 저술된 책인데, 그때는 16~20세 정도까지를 청년이라고 생각했습니다. 결혼까지 해야 교육이 필요 없는 진짜 성인이 된다고 말하지요. 요즘은 결혼 연령이 워낙 늦기도 하고 비혼주의자가 많아 루소의 논리로 보면 우리 사회의 '어른'은 극히 일부겠네요.

성선설에 근간에 두고 이야기를 펼쳐 나가는 책

『에밀』의 기본 개념은 인간은 본래 선하다는 것입니다. 서양권은 기본적으로 기독교적 세계관을 바탕으로 하기 때문에 성악설 개념이 지배적입니다. 아담과 하와가 에덴동산에서 욕심을 부려 하지 말라는 것을 했기 때문에 인간은 누구나 원죄를 가지고 태어났다고 생각하는 게 서양권의 세계관이거든요. 그래서 보통은 인간의 본성이 악하다는 것을 전제로 사상을 전개해 나가요. 앞서 보았던 니콜로 마키아벨리의 『군주론』이나 토머스 홉스의 『리바이어던』 역시 그렇죠.

현대로 와도 마찬가지입니다. 비교적 현대 이론인 경제학 이론 같은 것만 봐도 인간은 이기적이라는 것을 전제로 전개되거든요. 경쟁 상대의 반응을 고려해 자신의 최적 행위를 결정해야 하는 상황에서 의사결정 행태를 연구하는 경제 이론으로 게임 이론이 있죠. 쉽게 말해, 상대방의 행동을 예상해서 각 경우를 시뮬레이션해본 다음에 확률적으로 최대 이익이 되는 쪽으로 결정 내리는 게 바로 이 이론인데요. 이 역시 인간은 이기적이라는 것을 전제합니다.

그러나 『에밀』은 성선설을 바탕으로 합니다. 장 자크 루소는 인간이 인위적으로 개입해서 교육하는 것은, 타고난 인간의 선한 본성을 망치는 짓이라는 말합니다. 교육이란 아이 때의 순수함을 해치지 않도록 가이드라인을 제시하고 환경을 제시하는 데 그쳐야 한다고 주장합니다. 루소 이전까지는 '어린아이는 불완전한 존재이니 교육은 훈육과 규율로 구성되어야 하며 주입식으로 이루어져야 한다'라고 생각하는 것이 일반적이었습니다. 이런 기존 틀을 깨고 교육이 지향해야 하는 바에 대해 새로운 패러다임을 제시한 것이 바로 『에밀』입니다.

인위성을 버리고 경험적으로

이제 이 두꺼운 책에서 어떤 이야기를 하고 있는지 자세히 풀어보겠습니다. 1부 유아기에서는 인간은 선하므로 자연 그 자체로 놓아두어야 한다는 이야기를 주로 합니다. 인간은 본래 선하지만 사회 속에서 살면서 악해지죠. 그래서 아이는 가능한 한 인위성을 배제하고, 도시가 아닌 시골의 자연에서 길러야 한다고 말합니다. 장 자크 루소는 "자연으로 돌아가라"는 말로 유명하지만, 실제로 루소는 책에서 이렇게 직접적으로 표현하지는 않았어요. 그렇다고 이게 루소의 말이 아니라고 말하기도 애매한 것이, 분명히 루소는 "자연으로 돌아가라"는 맥락으로 글을 풀어놓습니다. "자연으로 돌아가라"는 인간의 자연적인 본성을 지키라는 은유이기도 하지만, 시골로 가라는 직접적인 표현이기도 합니다.

2부 아동기에는 감각의 형성에 대해 이야기합니다. 어설프게 이성적으로 무언가를 가르치려 하지 말고, 경험에 의해 감각을 훈련시키라고 말합니다. 3부 소년기에는 드디어 분석이나 추론을 이용한 공부에 대해 이야기하는데, 이 역시 이론적으로 하지 말고 직접 경험하게 하라고 말합니다. 4부 청년기는 성인이 될 준비를 하는 시기로, 이성에 대한 호기심과 그에 따른 정념이 생기는 때입니다. 그것을 다스리는 방법과 윤리, 종교 등에 대해 말합니다. 무작정 종교를 따르라는 것이 아니라, 스스로 종파를 선택하게 교육해야 한다는 루소의 말은 당시 가톨릭교회의 미움을 사기 충분한 발언이기도 했지요. 5부 성년기에서는 에밀의 짝이 되는 소피를 설정한 후 여성의 교육에 대해서 이야기해요. 사실 에밀이라는 가상의 아이를 설정했다고 하지만, 4부까지는 자신의 교육론만 주장했는데, 5부에서는 에밀과 소피가 가까워지는 장면을 묘사하며 제법 소설처럼 스토리텔링을 하기도 합니다.

『에밀』이 금서가 된 이유

저는 에밀을 읽으면서 장 자크 루소가 좋은 신분을 타고 나서 좋은 환경에서 교육받은 사람은 아닐 거라는 생각이 들었어요. 그래서 루소의 생애를 찾아보니 역시 가난한 환경에서 어렵게 공부하고, 순탄하지 못하게 생을 보냈더라고요. 루소는 스위스에서 가난한 시계공의 아들로 태어났는데, 어머니가 그를 낳고 출산 후유증으로 죽어요. 11살 때 아버지와 싸우고 집을 나오고, 16세 때 토리노로 가서 한 남작 부인의 집사로 일합니다. 21세부터 26세까지는 바로 그 남작 부인과 애인 관계였다고 하네요. 하지만 남작 부인은 또 다른 애인을 만들면서 루소를 내쫓습니다. 다행히 루소는 파리로 가 음악가로 자리 잡고, 거기서 사상계와 교류하게 되죠. 그리고 활발히 집필 활동을 합니다.

얼핏 보면 장 자크 루소의 삶은 드디어 안정을 찾아가는 듯 하지만, 정신적으로는 그렇게 안정적인 상태가 아니었던 것 같습니다. 파리에서 생활하는 동안 결혼하는데요. 이때 낳은 다섯 명의 자식을 다 고아원에 유기합니다. "돈이 없는 자신이 아이들을 키워봤자 삐뚤어질 게 뻔하니 고아원에 버리는 게 낫다"는 핑계를 대면서요. 교육론을 쓴 사람이 할 행동은 아니잖아요. 그래서 당대에 크게 비판받기도 했습니다.

장 자크 루소가 불우한 환경을 겪었을 것이라고 짐작한 까닭은 루소는 『에밀』에서 기존 질서나 사회에 대해 부정적인 시선을 가지고 그것을 파괴하는 사고를 하고 있기 때문입니다. 기존 틀에 문제를 제기한 것은 교육의 영역뿐만이 아닙니다. 기득권이었다면 이렇게까지 기존 질서에 파괴적인 태도를 취할 수 없어요. 당연히 당대의 기득권들은 이 책을 싫어할 수밖에 없었습니다.

그래서 이 책은 당시 금서로 지정되어 봉인되기도 합니다. 특히 4부에는 가톨릭교회를 공격하는 내용이 있어 루소는 체포 위기에 직면하기도 합니다. 결국 루소는 스위스로 도피하고 거기서 피해망상 증상까지 겪었다고 합니다. 참, 비극적인 일화입니다.

프랑스혁명의 사상적 지주 장 자크 루소

기존 사회 시스템에 대해 불만을 가졌던 장 자크 루소는 『에밀』에서 꽤 파격적으로 기존 사회를 비판하는 말을 합니다.

인간은 모두 평등하게 태어났다. 왕으로도 태어나지 않았고,

귀족으로도 태어나지 않았고, 부자로도 태어나지 않았다.

지금이야 이런 이야기가 자연스럽지만, 당시로서는 서양사회의 역사와 근간을 이룬 신분제를 뿌리째 흔드는 말이었죠. 우리나라로 치면 역적이나 다를 바 없는 주장이었어요. 『에밀』의 발간 시기는 1762년입니다. 프랑스대혁명은 1789년에 일어났지요. 그러니까 장 자크 루소는 멀쩡히 왕이 존재할 때, 저런 발언을 한 겁니다.

아무리 시민의식이 성장하고 있었어도 왕은 왕이었던 시절이에요. 그런데 왕을 부정하고, 귀족이라는 계급을 부정하는 그의 사상은 당시로서는 매우 혁명적이었습니다. 그래서 그는 민주주의의 시민혁명의 상징인 프랑스대혁명의 사상적 지주가 됩니다. 『에밀』의 취지는 교육서이었지만 시민혁명으로 발현되었다는 게 흥미로운 지점입니다.

『에밀』과 같은 해에 발표한 『사회계약론』에서 장 자크 루소는 한 발 더 나아가 직접적으로 인민 주권론을 주장합니다. 그의 주장을 한번 살펴볼까요?

우리들 각자는 모두 주권을 가지고 있으며, 그것은 공공선을 지향하는 일반 의지로 드러나는데, 정부는 이 일반 의지를 집행하는 기관일 따름이다. 따라서 신분이나 능력, 재산 같은 것에 상관없이 누구나 평등한 주권의 주체로 선거에 참여할 수 있으며, 그래서 직접민주제 형태로 민주주의가 시행되어야 한다.

시민의식 성장의 획기적인 변곡점이 된 인쇄술 발명

이렇게 시민의식이 성장하는 데는 여러 가지 요인이 작용했어요. 종교인들은 부패했고, 왕들은 무능했지요. 간혹 유능한 왕이 있더라도 이들은 더 없이 탐욕스러웠어요. 지배계급은 자신들의 권력이 영원할 것처럼 함부로 권력을 휘둘렀습니다.

이 시기의 과학 발전은 시민의식의 성장에 큰 영향력을 미칩니다. 특히 구텐베르크 인쇄술은 인류의 역사를 크게 바꾼 중요한 발명 중 하나입니다. 1450년, 구텐베르크는 그의 금속활자로 성서를 찍어내는데, 이는 서양사에서 중요한 장면 중 하나로 꼽힙니다. 인쇄술이 나오기 전까지 책은 필사로만 만들어졌기 때문에 책이 한 권 만들어지는 데 무려 2개월이나 걸렸다고 합니다. 당연히 책은 무척 귀하고 값비쌌지요. 11세기 무렵 터키에서는 성경책 한 권이 무려 집 네 채 가격으로 거래되기도 했어요. 하지만 구텐베르크의 인쇄술이 발명된 이후 일주일이면 500권도 만들 수 있게 되었죠. 구텐베르크가 성경을 인쇄한 1450년에서 50년이 흐른 1500년까지 유럽 각국에서는 2000만권에 달하는 책이 간행되었다고 합니다. 오늘날의 인터넷 보급보다 더 혁명적인 사건이 바로 이 인쇄술의 발명입니다.

그런데 인쇄술의 발명과 시민의식의 성장이 무슨 관계가 있는 걸까요? 책이 대중화되어서 보급되기 전에는 평민들이 글을 알 필요가 없었습니다. 어차피 책을 볼 일이 없었거든요. 그런데 책이 보급되면서 많은 사람들이 글을 알아가기 시작해요. 그러니까 정보가 공유되기 시작한 거죠. 정보가 공유되면서 무지가 앎으로 변화하고, 시민은 의식이 생기고 의견을 갖게 됩니다. 이런 수많은 의견을 민심이라고 할 수 있지요. 시민의식의 성장으로 지배 세력은 민심에 신경 쓸 수밖에 없게 됩니다.

이런 사회적 분위기는 뜻밖에도 갈릴레이의 이야기를 통해서도 살펴볼 수 있습니다. 1633년 갈릴레이는 지동설을 주장했다는 이유로 로마 교황청에 의해 유죄를 선고받고 가택연금이 되었는데, 당시에는 이런 죄목으로 종교재판소에서 유죄를 받으면 가택연금 정도로 끝나지 않았어요. 1600년 천문학자 브루노는 지동설을 주장하다가 화형에 처해지기도 했으니까요. 갈릴레이의 처벌이 이에 비해서 상대적으로 가벼웠던 것은 갈릴레이가 당시 교황과 절친한 사이였다는 연줄의 힘도 있지만, 이탈리아어로 쓴 갈릴레이의 책을 본 이탈리아 대중의 민심 때문이기도 했어요. 말하자면 갈릴레이는 책을 통해 대중에게 인기 있는 셀럽이 되었던 거지요. 그러니 교황청이라도 이 저명한 학자를 무조건 잡아 죽일 수 없었습니다.

이렇게 시민들은 정보를 독점한 지배계급이 지시하는 대로 움직이는 수동적 존재에서 스스로 글을 이해하고 정보를 획득하는 능동적 존재가 되어갑니다. 지배계급의 뜻대로 시민을 움직일 수 없게 된 거죠.

평등 의식을 공공히 한 과학의 발달

과학은 누구에게나 똑같이 적용된다는 전제가 성립됩니다. 과학의 법칙은 어느 곳 누구에게나 적용되지요. 아무리 고귀한 신분을 가진 왕이라도 높은 성에서 떨어지면 무게와 비례하는 충격으로 죽을 수밖에 없다고 과학은 설명합니다. 그런데 지배 권력의 당위성만 보면 신의 가호를 받는 왕 정도라면 평민과는 다르게 높은 곳에서 떨어져도 천사의 보호를 받아 사뿐히 내려앉아야 하는 거 아닙니까? 하지만 경험적 진실은 그렇지 않거든요. 왕이고 귀족이고 평민이고 신분에 상관없이 과학 법칙은 만민에게 평등하게 작용합니다. 이것은 사회적 관계에도 큰 영향을 미칩니다.

앞서 살펴봤던 『장미의 이름』으로 돌아가볼까요? 윌리엄 수사는 자신을 과학자라고 말합니다. 그런데 과학자라는 업과 신부라는 업은 그리 잘 어울리지 않거든요. 과학은 자연법칙을 전제로 하잖아요. 어느 경우에나 따라야 하는 자연법칙의 존재는 그것을 만든 신까지 그 법칙 안에 가둬놓는 결과를 초래하죠. 그렇다면 무소불위의 신이라는 정의는 성립되지 않습니다. 조수 아드소는 이 부분을 추궁하는데요. 윌리엄은 어물쩍 넘어갑니다.

신에게도 통용되는 자연법칙인데 왕이라고 다를까요? 왕과 귀족 같은 혈통은 고귀한 운명을 타고나야 합니다. 이데아에 대한 앎과 지향의 정도로 지배 계급의 당위성을 납득시킨 플라톤처럼 평민들과는 무언가 다른 부분을 강조해야 합니다. 그래야 평민들이 신분의 한계를 받아들일 수 있잖아요. 그러나 모든 것 위에 있어야 하는 왕이 사실은 똑같이 자연법칙의 영향 아래 있는 사람이라고 하면, 왕이라는 존재의 당위성이 사라지고 맙니다.

결국 자연법칙의 존재는 신분제의 불평등과 모순을 수면 위로 부상시킵니다. 즉, 과학이 발달되면서 시민들의 평등 의식은 점점 더 공고해졌습니다.

전환점의 핵심 고리, 장 자크 루소

몇천 년을 이어온 '왕국'이리는 정치 체제를 끝장낸 민주주의 혁명은 수많은 이론과 경험이 축적되어 나타난 역사적 사건입니다. 하지만 변화는 점진적이 아니라 혁명처럼 일어났습니다.

토머스 쿤은 『과학혁명의 구조』에서 변화는 조금씩 진행되는 것이 아니라, 기존 이론이나 상식을 뜻하는 패러다임이 대전환되면서 일어난다고 말했습니다. '지구는 네모나다'라는 말은 그렇지 않다는 반론이 여기저기 제기되어도 모두 재반박되고, 여전히 '지구는 네모나다'는 말이 기본 개념이 됩니다. 그러다가 그런 반론들이 갑자기 들끓고 일어나 도저히 '지구는 네모나다'라는 의견을 고수할 수 없을 때, '지구는 동그랗다'라는 패러다임으로 한번에 전환됩니다. 대전환에는 중간 단계가 없어요. 그래서 과학의 패러다임은 혁명적으로 변한다고 말하는 겁니다.

어쩌면 장 자크 루소가 바로 이 전환점의 핵심 고리라고 할 수 있겠네요. 이 시대를 살아가는 우리에게 사람은 누구나 평등하다는 생각은 당연히 받아들여지지만 왕과 귀족의 통치 체제 아래 살았던 사람들에게는 매우 급진적으로 들렸을 겁니다. 게다가 지배 계급의 발판을 무너뜨릴 수도 있는 주장인데, 권력을 가진 자들이 가만히 있을 리 있겠어요? 도피해야 할 정도로 위험한 주장을 한 루소의 저작들은 근대 민주주의 역사에서 중요한 책으로 남습니다.

교육서로서 『에밀』의 가치

『에밀』이 오늘날의 교육계의 필독서로 꼽는 이유는 아마 인간에 대한 전제 때문일 겁니다. 교육이란 인간의 선한 본성을 끄집어내려는 것이고, 그것을 위해서는 주입식이 아니라 스스로 경험을 통해 자연스럽게 깨닫게 하는 것이 중요하다며 이야기를 펼쳐놓고 있습니다. 지금부터 300여 년 전에 쓰인 교육서인데, 마치 오늘날에 살고 있는 사람이 썼나 싶은 구절도 나와요.

> 끊임없이 변하는 금세기의 혼란스러운 양상에 비춰볼 때, 그 정도는 점점 더 심해질 것이 분명하다. 이런 상황에서 온실 속의 화초처럼 아이를 키운다면, 그 아이는 환경이 바뀌는 순간 곧 파멸에 이르고 말 것이다.

지금 상황에 접목해도 전혀 어색하지 않은 시대 인식입니다. 혼란스러운 사회상을 가르치려 애쓰지 말고, 그 상황 변화의 중심이 되는 사람, 상황이 변화할 때 휩쓸리지 않고 중심을 잡을 수 있는 자존감을 가르치라는 게 『에밀』의 교육론입니다. 이것은 시시각각 변해가는 오늘날 더욱 강한 울림을 줍니다.

누구나 다
법을 따르는 것은 아니다

헨리 데이비드 소로 『월든』

#시민 불복종 #개인의 자유 #노예 해방

죽은 시인의 사회를 여는 시

『월든』은 독특한 책입니다. 『월든』을 읽지 않은 사람은 많지만, 『월든』을 읽고서도 이 책을 좋아하지 않는 사람은 거의 없습니다. 『월든』을 좋아한 사람 중에는 키팅 선생님도 있죠. 영화 〈죽은 시인의 사회〉의 주인공 말입니다. 〈죽은 시인의 사회〉는 많은 이가 인생 영화로 꼽는데요, 나중에 N. H. 클라인바움의 저작으로 출간되기도 했어요.

잠깐 줄거리를 살펴볼까요? 명문 고등학교에 새로 부임해 온 키팅 선생님은 시험과 입시에 찌든 학생들에게 새로운 영감을 부여합니다. 이 과정에서 학생들은 키팅 선생님이 얘기한 선배들의 비밀 모임인 '죽은 시인의 사회'를 부활시키기로 하는데요, 이 모임은 학교 뒤편에 있는 산에 몰래 모여 시를 읽는 회합으로 늘 시작을 알리는 시구를 읽고 진행하는데요, 그것이 바로 『월든』의 이 구절입니다.

나는 인생을 내 뜻대로 살아보고, 삶의 본질적인 요소들과 대면하고 싶어 숲으로 갔다. 살면서 배워야 하는 것들을 내가 배울 수 있는지 확인해보고 싶은 마음도 있었고, 죽음이 닥쳤을 때 내가 제대로 살지 않았구나 하고 후회하고 싶지도 않았다.

소설도, 수필도, 시도, 논평도 아닌 그냥 『월든』

월든 호숫가에 통나무집을 짓고 거기서 2년을 산 헨리 데이비드 소로의 기록을 묶어낸 것이 바로 『월든』입니다. 그렇기 때문에 『월든』은 딱히 줄거리가 없어요. '월든 호숫가에서 2년을 살았다'가 이 책의 전부입니다. 그냥 2년 동안 보고 듣고 느꼈던 것을 담담하게 썼습니다. 그래서 헨리 데이비드 소로의 감정을 따라 숲길을 거닐지 않고 줄거리를 찾거나 분석하려고 하면 이 책을 보는 기쁨은 반감되고 맙니다. 숲속을 함께 산책할 때 비로소 이 책의 가치가 빛납니다.

『월든』은 세계 문학사에서 유례가 없는 책으로 꼽힙니다. 사실 소설이라고 하기에는 수필 같고, 그냥 수필이라고 하기에는 좀 시적이고, 시라고 하기에는 지나치게 철학적인, 그냥『월든』입니다. 장르를 무엇이라고 하든 담고 있는 언어가 아름다운 것은 부정할 수 없는 사실입니다.

글을 읽으면 한 폭의 그림이 떠오릅니다. 월든 호수를 묘사하는 글을 보면 월든 호수의 전경이 눈앞에 떠오르며 잠시 후 내 몸이 월든 호숫가에 서 있는 것을 발견할 수 있어요. 풍경이 눈앞에 떠오르는 글은 많지만, 그 풍경 안에 내가 들어가 한 폭의 그림이 되는 체험은『월든』아니면 해보기 힘들어요.

『월든』이 본래 추구하는 바가 문명 비평 실용서일지라도 우리에게 문학책으로 기억되는 건 헨리 데이비드 소로의 이런 문학적 자질 때문일 겁니다.

하지만 이 책이 목가적이고 시적이라고 해서 아름답고 이상적인 자연을 그린 책이라고만 생각해선 안 됩니다. 오히려 아주 실용적이고 현실적인 책이에요. 얼마나 현실적이냐면 심지어 회계 명세서까지 책에 공개하고 있어요. 오두막을 지을 때 들어간 돈이 얼마라는 것을 합산해 보여줍니다. 그 계산서에 의하면 조그만 통나무집을 짓는데 들어간 비용은 모두 28달러가 조금 넘습니다. 당시 하버드 대학의 1년 기숙사비가 30달러였다고 하니까, 현재 화폐 가치로 어느 정도인지 짐작할 수 있을 겁니다. 목가적이라고 예찬받는 책에 회계 명세서가 떡하니 있다니, 실제로 보지 않고 말만 들으면 의아할 수도 있습니다. 그러나 바로 이런 것이 『월든』의 매력입니다. 형식 파괴적이라고나 할까요.

헨리 데이비드 소로는 어떤 날은 하루 동안 일어났던 일을, 어떤 날은 만난 사람을, 그리고 어떤 날은 자신의 생각을 기록합니다. 우리는 마음을 내려놓고 작가와 함께 그저 월든 호숫가에서 하루하루를 충실히 살면 됩니다.

시민 불복종

『월든』을 설명하는 단어로 목가주의, 자연주의, 초월주의 같은 용어가 주로 쓰입니다. 초월주의는 간단하게 말하면 물질 세계의 배후에 초월 세계가 있다는 것을 인정함으로써 현실 세계의 무한성을 생각하는 건데요, 1800년대 미국에서 유행한 사상입니다. 초월주의 사상은 개인에게서 내재된 신을 찾거나, 물질보다는 정신에 우위를 둡니다. 그러나 『월든』은 철학사상보다는 문명 비평에 가까웠다는 평가가 많아요.

현재 나오는 문명 비평은 대개 '미디어에 의해 바보가 된 사람들', 'AI에 밀려나는 직업인들', 'SNS에 인생을 낭비하는 사람들' 같은 것을 주제로 합니다. 그렇다면 『월든』이 발표된 1854년에는 어떤 문명 비평이 나왔을까요? 먼저 당시의 시대상을 짚어 보겠습니다.

이 시기는 왕들이 사라지고 곳곳에서 민주주의의 가치가 상기되면서 그 어느 때보다 국가나 사회에 대한 시민들의 관심이 드높았습니다. 헨리 데이비드 소로가 사는 미국에서는 남북전쟁(1861~1865)의 기운이 무르익으며 북부와 남부의 갈등이 극에 달했을 때이기도 하죠. 각자 속한 공동체의 이익과 신념이 중요할 때였습니다. 그러나 『월든』에서는 그런 갈등이 전혀 등장하지 않습니다.

헨리 데이비드 소로의 생활을 보면, 그가 비판한 문명은 물질이라기보다는 사회와 인간의 관계 자체가 아닐까 하는 생각이 듭니다. 소로는 하버드대학 출신인데요. 하버드대학은 예나 지금이나 들어가기 어렵지만 졸업한 뒤 사회에 진출하면 어느 정도 성공이 보장되죠. 하지만 소로는 하버드대학 동문들이 갈 만한 길을 가지 않고 고향으로 돌아와 부친의 연필 공장에서 일하다가 형과 함께 사설 학교를 엽니다. 하지만 형이 죽자 소로는 학교 문을 닫아요. 때마침 연재하던 잡지가 폐간되자 숲속으로 들어갑니다.

이로 알 수 있듯 헨리 데이비드 소로는 일반적인 성공 경로나 주류가 선호하는 사회적 지위 같은 것에는 관심이 없었습니다. 좋은 회사에 정규직으로 취직한다거나 남들이 인정해주는 큰 성공을 성취하는 것보다는『월든』에서처럼 그냥 하루하루 열심히 사는 삶을 원했습니다. 마을에서 가장 가난한 사람도 소로처럼은 살기 싫어했다는 말이 나올 정도로 금욕적인 생활을 했습니다. 그렇다고 강력한 신앙적 동기가 있었던 것도 아니에요. 그저 조금 일하고 조금 쓰는 생활을 실천했습니다. 그러니까 말이 좋아 초월주의지 소로는 그냥 사회, 제도, 국가, 법 이런 것에 관심이 없었던 것입니다.

숲속에서 살아가던 중 잠시 시내에 나간 헨리 데이비드 소로는 전쟁을 위한 인두세 납부를 거부해 감옥에 갇히게 됩니다. 친척이 그 돈을 대신 내줘서 하루 만에 풀려나오긴 하지만, 이때의 경험을 바탕으로『시민 불복종』이라는 책을 씁니다. 부당한 국가의 법에 맞서기 위해서 시민은 불복종으로 저항한다는 내용의 책입니다. 제도를 고친다든가, 혁명을 일으키는 것이 아니라 그저 따르지 않는 거죠. 좋은 의미로는 평화 시위이고, 나쁜 의미로는 아주 수동적인 저항입니다. 어쨌든 그의 이런 이론은 나중에 마하트마 간디라든가 마틴 루터 킹에게 영향을 주었다네요.

노예 해방의 진실

『월든』은 민주주의 국가에 사는 시민들은 모두 권리와 의무에 민감한 것이 아니라 헨리 데이비드 소로처럼 제도와 법, 그리고 사회적 성공이나 승리 같은 것에 초탈할 수도 있다는 것을 보여 줍니다.

그러나 헨리 데이비드 소로는 그 당시 주목받는 인권 문제 였던 노예제도에는 관심을 보였습니다. 하지만 활동가로 나설 생각은 전혀 없었다고 해요. 그래서 모임이나 세력에 가담하지 않고 그저 글과 말로써 반대했습니다. 나중에 노예 문제가 과열 되자 한 발 물러나 다시 자연으로 돌아갑니다.

사실 미국에서 내전이 벌어진 것은 노예 문제 때문이 아니 라 남부와 북부의 주도권 싸움이었습니다. 목화 농장을 통해 부 를 창출하는 남부는 노예의 존재가 절대적으로 필요했고, 상공 업 위주의 북부는 소비자이면서 세금을 낼 자유민이 필요했어 요. 에이브러햄 링컨을 노예를 해방시킨 대통령으로 기억하는 사람이 많은데, 그건 사실일 뿐 당위는 아니었습니다. 링컨은 미 국의 분열을 막을 수 있는 일이라면 무엇이든 했을 겁니다. 북 부 편을 드는 노예 해방은 그가 정치적으로 불가피하게 선택한 노선이었을 뿐, 신념이 관련된 문제는 아니었다고 하죠. 노예 문 제는 헨리 데이비드 소로처럼 인간의 문제로 접근하려는 사람에게는 지나치게 사회적인 문제였던 겁니다.

지식인이라면 모두 왕을 몰아내고 민주주의의 기틀을 세우는 일에 동참했을 것 같은데, 오히려 이런 사회 제도에 염증을 느끼고 자연으로 찾아든 지식인도 있었다는 것을 기억합시다. 이것이야말로 민주주의가 보장하고, 시민 사회가 보장하는 다양성입니다.

삶의 속도를 늦추고 자신의 호흡을 찾아서

사회 속에서 살아가는 문제를 치열하게 고민하는 사람이 있는 한편 헨리 데이비드 소로처럼 자급자족하며 혼자 살아가는 것을 이상으로 생각하고 사는 사람도 있습니다. 이런 삶의 태도는 사회의 관계와 경쟁 속에서 지친 사람들에게 치유의 마법을 선사하기도 합니다.

아무리 봐도 이 책이 200년 전에 나왔다는 것을 도무지 믿을 수 없습니다. 현대 문명 비평 기조와 크게 다르지 않거든요.

최근의 한국 사회에는 빈부격차가 극심해지고, SNS가 발달하면서 언제든 서로의 삶을 염탐할 수 있게 되었습니다. 이런 21세기의 사회 모습은 성공 가도에 올라서지 못한 사람들에게 상대적 박탈감을 불러일으키는 동시에 제도 없는 신분제를 만드는 데 일조하고 있습니다. '금수저'라든가 '흙수저'라는 말은 이러한 사회 분위기를 반영한 것입니다.

그래서인지 요즘은 사회의 경쟁에서 꼭 이길 필요가 없고 사회의 속도 또한 꼭 따라잡을 필요가 없다고 말하는 책이 대중에게 사랑받고 있습니다. 이런 책들은 하나같이 자신의 속도와 호흡에 귀 기울이라고 조언해주는데요, 무려 170여 년 전에 쓰인 책인『월든』과 궤를 같이 하는 것이지요.

목적도 없고 속도만 있는 도시 생활에 지친 사람이라면『월든』을 읽고 위안을 받을 수 있을 거예요. 최근 들어 등장한 '욜로'나 '소확행' 같은 말, '제주도에 한 달 살기'나 '적게 벌어 잘 살자' 같은 외침들이 대중의 호응을 얻는 것은 획일적인 가치에 집착하지 말고, 자신만의 가치를 추구하며 인생을 살아가고 싶어 하는 사람들의 속마음을 대변하고 있기 때문일 겁니다. 삶의 속도를 잠시 늦추고 자신의 인생을 돌아볼 기회를 제공하는 책, 바로『월든』입니다.

도망 노예법과 『톰 아저씨의 오두막』

10년 전쯤 〈추노〉라는 드라마를 재미있게 봤던 기억이 납니다. 도망간 노비를 잡는 사냥꾼의 이야기로 인조 26년, 서기 1648년 이 시대적 배경입니다.

그런데 이 시기에서 200년 후쯤 미국에도 비슷한 직업이 있었는데요. 그 근간이 된 제도가 바로 도망 노예 송환법입니다. 1793년과 1850년 두 차례에 걸쳐 제정된 도망 노예 송환법은 노예에 대한 재산권, 그리고 도망간 노예를 반환받을 권리를 명시했습니다. 이 법 때문에 생겨난 도망 노예 사냥꾼들은 그 수법이 잔인해서 당시에도 문제가 많이 되었지요.

헨리 데이비드 소로는 이 법에 반대 의견만 표하는 정도였는데, 그 반대 의견을 글로 써서 남북전쟁을 일으킨 사람이 있습니다. 바로 해리엇 비처 스토입니다. 1850년 의회에서 도망 노예법이 통과되자 깊은 분노를 느낀 스토는 그때부터 『톰 아저씨의 오두막』을 쓰기 시작해 1852년에 발표합니다. 이 소설은 미국 최초의 밀리언셀러가 됩니다. 이 소설을 읽고 노예제도에 반감을 느끼는 사람이 많아지면서 반노예제 운동이 일어나고, 이는 1861년 일어난 남북전쟁의 결정적 계기가 됩니다.

마크 트웨인의 대표작인 『허클베리 핀의 모험』은 남북전쟁 직전의 남부를 배경으로 하는데요, 가출을 감행한 허클베리와 같이 배를 타고 미시시피 강을 떠도는 친구로 도망 노예인 짐이 나와요. 허클베리는 짐이 잡히자 그를 구해낼 결심을 하면서 "좋아, 난 지옥으로 가겠어"라고 말합니다. 당시 도망 노예를 도와주는 것은 지옥으로 갈 결심을 해야 할 만큼 중대한 도덕적 범죄 행위로 인식되었던 거죠.

『월든』이 출판된 것은 1854년이지만, 헨리 데이비드 소로가 실제로 오두막에서 살았던 것은 1845년부터 1847년까지거든요. 시기는 남북전쟁 직전으로, 도망 노예법 때문에 『톰 아저씨의 오두막』이 나온 때와 겹칩니다. 이 정도면 소로가 얼마나 사회적 문제에 '초탈'한 상태에서 이 책을 썼는지 실감이 날 겁니다.

민주주의 입문서가
가장 강조하는 것

존 스튜어트 밀 『자유론』

#자유와 평등   #인간의 개별성

게임 이론이 알려주는 인간의 본성

게임 이론의 한 예로 공원을 짓는 게임이 있습니다. 먼저 문제를 풀어볼까요?

다음 상황에서 A, B, C가 보기의 주어진 선호 순위에 근거해 합리적 선택을 한다고 가정할 때, 세 사람의 최종적인 선택은?

[상 황]

A, B, C는 같은 동네의 아주 인접한 곳에 살고 있다. 이들이

살고 있는 동네에 공원을 조성하기 위해 동사무소는 이들이 기부금을 내는 만큼 동사무소에서도 같은 액수의 기부금을 내기로 했다. 이러한 상황에서는 A, B, C가 기부할지 여부에 따라 4가지 경우가 발생할 수 있다. 첫째, 세 사람 모두 기부해서 큰 규모의 공원이 조성되는 것이다. 둘째, 두 사람만 기부해서 중간 규모의 공원이 조성되는 것이다. 셋째, 한 사람만 기부해서 작은 규모의 공원이 조성되는 것이다. 넷째, 아무도 기부하지 않아서 공원이 조성되지 않는 것이다. A, B, C는 모두 다음과 같은 선호 순위를 갖고 있다고 가정하고, 각 선호 순위에 따라 다른 점수가 부여된다고 가정하자.

[보 기]

- 선호 1순위: 다른 두 사람이 기부하고 자신은 기부하지 않아서 중간 규모의 공원이 조성되는 것(6점)
- 선호 2순위: 세 사람 모두가 기부해서 큰 규모의 공원이 조성되는 것(5점)
- 선호 3순위: 다른 두 사람 중 한 사람만 기부하고 자신은 기부하지 않아서 작은 규모의 공원이 조성되는 것(4점)
- 선호 4순위: 다른 두 사람 중 한 사람만 기부하고 자신도 기부해서 중간 규모의 공원이 조성되는 것(3점)
- 선호 5순위: 세 사람 모두 기부하지 않아서 공원이 조성되

지 않는 것(2점)

- 선호 6순위: 다른 두 사람은 모두 기부하지 않고 자신만 기부해서 작은 규모의 공원이 조성되는 것(1점)

※ 이 경우 합리적 선택이란, 다른 두 사람의 행동을 추측해서 자신에게 높은 점수를 줄 수 있는 방식으로 기부 여부를 결정하는 것임.

이 문제를 풀기 위해서는 먼저 도표를 그려야 합니다. A를 기준으로 그림을 그려보면 A가 기부하는 경우와 기부하지 않은 경우에 따라 나머지 두 명이 다 기부하는 경우, 두 명 중 한 명만 기부하고 한 명은 기부하지 않는 경우, 그리고 두 명 다 기부하지 않는 경우를 조합해 총 6가지 경우가 나오게 됩니다. 말로 하면 복잡해 보이지만 그림으로 그리면 다음과 같이 간단합니다.

		두 명 다 기부	한 명만 기부	두 명 다 기부 ×
A	기부			
	기부 ×			

그러면 이제 각각의 경우에 따라 선호 순위를 채워보죠.

		두 명 다 기부	한 명만 기부	두 명 다 기부 ×
A	기부	2순위 (5점)	4순위 (3점)	6순위 (1점)
	기부 ×	1순위 (6점)	3순위 (4점)	5순위 (2점)

A의 입장에서 보면, 두 명 다 기부하는 경우에는 기부하지 않는 것이 조금 이득이고, 한 명만 기부하는 경우에도 기부하지 않는 것이 더 이득이죠. 두 명 다 기부하지 않는 경우에도 기부하지 않는 게 이득입니다.

		두 명 다 기부	한 명만 기부	두 명 다 기부 ×
	기부	2순위 (5점)	4순위 (3점)	6순위 (1점)
A	(선호)	∧	∧	∧
	기부 ×	1순위 (6점)	3순위 (4점)	5순위 (2점)

그래서 A는 기부하지 않는 선택을 하게 됩니다. 그런데 이건 B나 C 입장에서도 마찬가지이므로, 결국 세 명 모두 기부하지 않게 됩니다. 그래서 세 명 다 기부하지 않는 5순위의 경우가 나타나게 됩니다.

이 예시는 인간의 본성을 적나라하게 보여줍니다. 내가 기부하는 것은 원하지 않고, 다른 사람이 기부하는 것을 통해 혜택만 누리고 싶어 하는 이기적인 성향을 알 수 있죠. 사실은 우리 모두 그러할 것입니다. 인간이니까요.

그런데 이는 법의 경우에 놓고 봤을 때도 마찬가지입니다. 다른 사람은 법을 지키는데 자신은 그 법에서 자유로울 때 가장 좋죠. 하지만 그렇게 된다면 법을 지키는 사람만 바보가 되는 상황이 발생하게 됩니다.

왕권이 쇠퇴하고 근대 민주주의가 본격적으로 발현되면서 공동으로 사회 생활을 영위해갈 원칙을 만들고 법을 제정하는 것이 중요해졌습니다. 그런데 사실 법은 원래 성가시게 마련입니다. 꼭 하고 싶은 거나 하면 편한 것만 골라 '하지 마라'고 규정한단 말이죠. 법의 테두리 안에 있으려면 당연히 답답할 수밖에 없어요. 그렇다면 사람들은 도대체 법이 어디까지 자유를 허용할지 궁금할 수밖에 없습니다. 정확하게는 어디까지 자유를 규제할지에 대한 궁금증이라고도 할 수 있겠군요.

한 사람의 자유는 어디까지 허용될까요? 그 의문에 대해 생각해보기 위해 『자유론』을 만나봅시다.

자유와 평등의 균형은 몇 대 몇?

프랑스의 3색기는 '라 트리콜로르La Tricolore'라고 하는데, 이는 3가지 색이라는 의미여서 우리말로는 그냥 삼색기라고 부릅니다. 정말 단순한 형태여서 그리기도 쉽습니다. 세로로 3등분해서 청색, 백색, 적색만 칠하면 되니까요. 이렇게 단순한 형태의 삼색기는 1789년 프랑스 혁명군의 총사령관 라파에트가 시민군에게 나눠준 모자 휘장에서 유래했다고 합니다.

삼색기는 왕권에 대항한 시민혁명의 상징, 국민주권의 상징으로 세계 여러 나라에 퍼졌습니다. 절대 왕정을 무너뜨리고 국민이 주권을 가진 나라들이 속속 등장하면서 프랑스의 삼색기를 모델 삼아 자기 나라의 국기를 만듭니다. 그래서 이와 비슷한 국기를 많이 볼 수 있는 겁니다.

그 자체로서 절대왕조의 붕괴와 국민주권 국가의 상징인 프랑스 국기는 국민주권 국가의 3가지 대원칙을 상징합니다. 청색은 자유를, 백색은 평등을, 적색은 박애를 의미하지요.

이 단어들 중 '자유와 평등'은 한 쌍의 짝처럼 잘 붙어 다니는 조합입니다. 하지만 곰곰이 생각해보면 이 두 단어는 대립적인 느낌도 있습니다. 평등한 세상을 구현하기 위해서는 어느 정도 선에서 자유를 통제해야 합니다. 그런데 그러다 보면 국가가 너무 큰 힘을 갖게 돼요. 반면 개개인에게 무제한의 자유를 보장하면 평등한 세상이 되기 힘들고, 양극화 사회로 가기 쉽습니다.

자유와 평등의 균형을 어떻게 맞출 것인가는 항상 어려운 문제입니다. 그런데 무려 160여 년 전 존 스튜어트 밀은 자유에 대해 정확하게 규정했습니다. 밀이 누군지는 잘 몰라도 이 말은 아는 분이 많을 겁니다. "만족한 돼지보다는 불만족한 소크라테스가 낫다." 정확하게는 "만족한 돼지보다는 불만족한 사람이 더 낫고, 만족한 바보보다는 불만족한 소크라테스가 더 낫다"입니다.

　밀의 대표작 『자유론』은, 지금도 명저로 손꼽히는 민주주의 입문서입니다. 책 내용을 보면 요즘 사람이 쓴 게 아닐까 싶을 정도로 과거의 이야기가 아니라 지금 우리에게 적용되는 이야기가 많습니다.

토론되지 않는 진리는 진리가 아니다

『자유론』은 먼저 생각과 토론의 자유에 대해 이야기합니다. 모든 사람이 자신의 생각을 표현할 자유를 갖는다는 것이죠. 100명 중 99명의 생각이 일치한다고 해서 나머지 한 사람에게 무조건 대세를 따르라고 강요하는 것은 옳지 못하다는 것이 존 스튜어트 밀의 생각입니다. 1명이 99명에게 자신의 생각을 무조건 따라오라고 강요하는 것과 똑같이 나쁘다고 말합니다.

　존 스튜어트 밀은 어떤 의견이라도 토론되고 논박되어야 한다고 주장하는데요, 그것이 비록 명백한 진리일지라도 토론과 논쟁이 필요하다고 강조합니다. 토론을 통해 진리는 더 깊어질 수 있습니다. 그리고 일반적으로 두 주장이 대립할 때는 하나가 무조건 진리이기보다는 둘 다 어느 정도 진리를 포함하고 있는 법이니, 토론은 진리에 더 가까이 다가가는 길이 됩니다.

진리의 모습이 절대적인가, 상대적인가에 대한 개개인의 생각이 다르기 때문에 진리라는 말을 다르게 받아들일 수는 있는데, 하나 확실한 것은 토론과 논쟁을 통해 많은 사람이 공감하는 의견에 다가갈 수 있다는 것입니다.

이런 생각은 조선시대 세종대왕 때를 보면 쉽게 이해됩니다. 세종대왕은 우리나라의 최고의 성군으로 평가받습니다. 오죽하면 세종대왕이라고 해서 일반적으로 부르는 명칭에 '대'자가 붙었겠어요. 오늘날 세종대왕의 정치 스타일을 '소통대마왕'으로 평가하기도 하지요.

조선 왕조는 500여 년 동안 지속되었는데, 세계적으로도 한 왕조가 500여 년간이나 지속된 것은 그렇게 흔한 일이 아닙니다. 조선이 나라로서 나름 시스템을 잘 갖추어놓았기 이렇게 긴 역사를 지속할 수 있었던 건데요, 정치 시스템 중 경연제도가 특히 중요한 제도로 언급됩니다. 임금과 신하가 강독한 후 국정 운영에 대해 자유롭게 토론하는 제도였는데요, 다양한 사람들이 여러 가지 의견을 공개적으로 토론할 수 있는 자리였습니다. 고려 때 유명무실했던 경연 제도를 국가 경영 시스템으로 제도화해서 자리 잡게 한 사람이 바로 세종대왕이에요. 한 달에 보통 여섯 번 정도 경연을 열어 토론을 상시화했다네요.

이것뿐만 아니라 세종대왕은 농사 짓는 땅에 세금을 부여하는 오늘날의 소득세법인 공법의 시행을 앞두고 퇴직한 관리까지 참여하는 공론화위원회를 열어 의견을 수렴했어요. 그것도 모자라 17만 명의 백성들까지 참여하는 대대적인 여론 조사까지 거쳐서 공법을 실시하는 데 이릅니다.

많은 사람들의 토론과 논쟁을 거친 제도는 조금 더 현실적이 되고, 여러 사람의 사정에 잘 맞게 만들어질 수밖에 없습니다. 무엇보다 제도가 시행되거나 행해질 때 사람들의 동의를 조금 더 쉽게 구할 수 있지요. 주장하는 사람도 자신의 주장을 다른 사람에게 설득하는 과정에서 자기 주장의 문제점이나 장점을 발견할 수 있고요. 그래서 저는 진리가 토론되고 논박될수록 그 진리가 깊어진다는 말에 전적으로 동의합니다.

개별성과 효율성

밀은 행동의 자유에 대해서도 언급합니다. 다른 사람에게 피해를 주지 않고 자신이 스스로 책임질 수 있는 범위 안에서 행동하는 것. 다시 말해, 개별성이야말로 인간 발전의 핵심 동력이라고 강조하죠. 여기에 요즘 시대에 들어서 불거진 AI 논쟁에 답할 만한 얘기도 나옵니다. "사람 모양을 한 기계가 사람을 대신해서 일을 해도 사람이 더 나은 이유는 무엇일까?" 이 질문에 밀은 기계는 시키는 대로 일하지만 사람은 각자 자신의 생각에 따라 행동하므로 발전의 여지가 있다고 답합니다. 21세기에 들어서 과학기술의 발전으로 기계가 인간의 인력을 대체하면서 실업 문제와 인간의 존엄성 문제가 대두되고 있습니다. 그런데 무려 160년 전에 이런 문제에 대해 명쾌한 해답을 내놓았다니 놀랍습니다.

물론 지금 우리 사회나 교육이 개인의 개별성을 존중하는 방향으로 흘러가고 있는가에 대해서는 조금 생각해봐야 합니다. 효율성이라는 이름 아래 개별성을 억제하고 획일성의 문화를 추구하는 것은 아닐까요?

'이지메'는 괴롭히다, 학대하다는 뜻의 일본어 '이지메루いぢめる'의 명사형입니다. 일본의 유명한 만화 〈보노보노〉에 나오는 아기 다람쥐 포로리는 이 말을 자주 쓰는데요. 우리나라에서 이 만화가 방영할 때는 "이지메루?"라는 말을 "나 때릴 거야?"라고 번역했습니다. 일본 문부과학성(일본의 행정기관으로 우리나라의 미래창조과학부에 해당됩니다)은 이지메를 판별하기 위한 가이드라인을 제시했는데요. 학생들이 이지메를 당하는 원인을 크게 4가지로 분류했어요. 너무 얌전하고 말이 없어 음울해 보이는 유형, 건방지거나 고지식해서 눈에 거슬리는 유형, 열등생이나 지진아 유형, 신체적 결함이 있거나 외모에 문제가 있는 핸디캡 유형이 그것입니다.

전반적으로 평균에 벗어난 유형이라는 것을 알 수 있죠. 그러니까 집단 전체가 인정하는 범주에서 벗어난 개별성을 가진 학생들이 이지메의 희생양이 되는 겁니다. 이지메는 학교라는 작은 집단이 개별성에 얼마나 배타적인지를 잘 보여주는 예입니다.

이런 학교 생활을 거쳐 사회화된 사람들이 평균에서 벗어난 삶을 선택하는 것은 결코 쉬운 일이 아닙니다. 한국 사회 역시 효율성을 지향하는 듯합니다. 효율성은 개별성보다는 획일화를 전제로 하죠. 한국 사회에 왕따라는 현상이 대두되는 것은 우연이 아닙니다.

인간 발전의 근원, 개별성

존 스튜어트 밀은 『자유론』에서 개별성을 짓밟고 획일화를 강요하는 체제는 국가이건 종교이건 간에 바람직하지 않다고 지적합니다. 특히 여론을 경계하는데요, 여론은 개별성을 무시하고 획일성을 추구하지요. 여론은 보통 통념 이상을 넘어서지 않는 경우가 대부분이니, 여론에만 맞춰 행동하고 생각하면 발전이 있을 수 없다고 말합니다. 밀은 이런 상황을 경계해야 한다고 강조하고, 다른 사람도 자신처럼 생각하고 말해야 한다고 강요하는 것이 나쁜 일임을 일깨워줍니다.

『자유론』의 내용은 명확합니다. 다른 사람에게 피해를 끼치지 않는 범위 내에서, 그리고 자신이 책임질 수 있는 한도 내에서 개인은 무한한 생각과 행동의 자유를 가진다는 것이죠. 국가는 다른 사람에게 해를 끼치는 경우를 제외하고는 개인의 자유를 침해할 수 없고요. 구체적인 적용에 대해서는 4장 〈사회가 개인에 대해 행사할 수 있는 권한의 한계〉와 5장 〈현실 적용〉에 자세하게 풀어놓았습니다.

무엇보다 저는 『자유론』에서 개별성에 대한 이야기가 많이 공감됐어요. 살다 보면 남들에게 아무리 특별해도 자신에게 특별해야 특별한 것이라는 말을 절감하게 됩니다. 인간 발전의 근원은 바로 이 개별성에 있다는 밀의 얘기는 사회 속에서 살아가는 우리가 계속해서 생각해봐야 할 과제입니다.

비로소 도래한 민주주의

프랑스혁명 이후 몇천 년 만에 왕에게서 권력을 되찾아온 시민들은 민주주의를 구축해갔습니다. 그런데 민주주의는 그것을 제대로 사용할 역량을 가진 사람들의 손에 들어갔을 때만 위력을 발휘할 수 있는 체제입니다. 다른 관점에서 보자면 민주주의를 제대로 이해하지 못하고 민주주의라는 이름만 빌려 사용한다면 이보다 위험한 정치 체제는 없습니다. 무슨 짓을 해도 민주주의라는 이름으로 포장해버릴 수 있으니까요.

진정한 민주주의는 개별성을 존중하는 데서 시작된다는 기본을 잊어서는 안 됩니다. 우리는 이 개별성을 지키기 위해 끊임없는 토론과 논쟁, 그에 따른 합의와 원칙들을 필요로 합니다. 이 과정들이 귀찮다고 누군가에게 위임한다면 그것은 기껏 찾아온 권리를 다시 왕이나 신과 같은 권력을 노리는 사람에게 주는 거나 마찬가지 행위입니다. 신이나 왕에게 귀속되었던 개인의 개별성, 그리고 그에 따른 권리를 개인들이 되찾아오는 과정은 2000여 년에 이르는 인류 역사의 여정이었습니다.

존 스튜어트 밀에 관한
몇 가지 이야기

존 스튜어트 밀은 『자유론』을 쓴 이론가로만으로 머물지 않았습니다. 1865년 밀은 유권자들에게 등 떠밀려 하원의원 선거에 나섭니다. 그가 내세운 공약은 '선거 운동을 하지 않을 것이다. 선거를 위해 한 푼도 쓸 수 없다. 지역구의 이익을 위해 노력할 수는 없다. 소속 당 의견에 무조건 복종하지는 않겠다. 여성과 남성도 똑같은 선거권을 가져야 한다' 등이었지요.

당시 언론에서는 "이런 공약으로는 신도 당선될 수 없다"고 슬쩍 비웃었지만 밀은 당선됩니다. 하지만 다음 임기에는 금권 선거에 밀려 낙선하고 말았는데, 다른 지역구에서 출마해달라는 권유를 뿌리치고 이후로는 현실 정치를 하지 않았다고 해요. 민주주의 입문서를 쓴 사람인데, 좀 쓸쓸하죠. 역사를 보면 '돈'이 모든 '주의主義' 위에 있는 듯한 느낌이 들 때도 있어요.

밀은 냉철한 합리주의자일 것처럼 보이지만 뜻밖에도 애틋한 사랑을 한 것으로도 유명합니다. 1830년 스물네 살에 그는 아이가 둘이나 있는 해리엇 테일러라는 여성과 사랑에 빠집니다. 아이가 둘이나 있는 것은 문제가 안 되지만, 그녀에게 남편이 있다는 사실은 큰 문제였죠. 밀은 오랜 시간 동안 핼리엇을 오직 로고스Logos적으로만 사랑합니다. 이런 이성적이고 정신적인 사랑 방식 덕분에 이들의 관계는 불륜으로 남지 않았습니다. 핼리엇은 그의 학문 연구에 도움을 주는 연구 파트너이기도 했습니다. 둘은 이런 관계를 거의 20년 동안 지속하다가 핼리엇의 남편이 죽고 2년 후 정도에 정식으로 결혼을 합니다.

하지만 핼리엇 테일러가 결핵으로 죽어 결혼 생활은 7년 만에 끝납니다. 존 스튜어트 밀은 『자유론』의 처음에 "내가 쓴 글 중에서 가장 뛰어나다고 할 수 있는 것은 모두 그녀의 영감에서 나왔다"며 그녀의 죽음을 추모하는데, 합리주의자면서도 자신의 개별적 감정에 충실했던 밀다운 사랑이 느껴집니다.

이 소설은 왜
지독한 새드엔딩인가?

조지 오웰 『1984』

#사회주의   #공산주의   #전체주의

007은 냉전과 함께

슈퍼맨, 아이언맨 같은 슈퍼히어로들이 영화판을 장악하기 전에 독보적인 영웅은 〈007〉의 제임스 본드였습니다. 영국의 추리소설 작가 이안 플레밍이 1953년 처음 창조해내고, 1962년부터 영화로 만들어져온 이 시리즈의 주인공 스파이는 아무리 급박한 위기가 닥쳐도 농담을 잊지 않는 여유와 그 위기를 능숙히 타개해가는 전투 능력, 그리고 놀 때는 화끈하게 노는 호기로움으로 유명합니다. 특히 변장하고 잠입한 적진에서 이름을 물으면 "본드, 제임스 본드"라고 본명을 말하는 대사는 영화사상 가장 유명한 대사 중 하나입니다. 실제 스파이 세계에서 그랬다면 가장 멍청한 대사 중 하나가 되겠지만요.

〈007〉의 시대적 배경에는 냉전이 있습니다. 제2차 세계대전이 끝나면서 자본주의 진영과 공산주의 진영으로 갈라진 세계는 미국과 소련 양강 체제로 재편됩니다. 세계 여러 나라들은 '미국 편이냐 소련 편이냐?'라는 선택 앞에 서야 했습니다. 이건 전 세계를 골머리 앓게 한 무척 어려운 문제였습니다. 대충 침묵을 지키다가 적절히 타협하는 중도 전략이 가능하지 않았거든요.

결국 이 두 세력은 완전히 단절되었고, 세계 여러 나라는 자국의 이익에 따라 각자 선택을 했습니다. 독일과 한국의 분단은 이 단절을 가장 극명하게 보여줍니다. 독일은 베를린 장벽으로, 한국은 38선으로 분단되었고 그 장벽 너머로 왕래가 불가능하게 되었어요. 사람들은 가지 못하는 곳, 그 장벽 너머의 세계에 무엇이 있는지 호기심을 갖게 될 수밖에 없었습니다. 〈007〉 시리즈는 사람들의 이런 호기심을 채워줬는데요, 절대 가볼 수 없는 장벽 너머의 세계에 자유자재로 침입해서 그 안을 간접적으로나마 체험하게 해주는 스파이가 〈007〉의 주인공이었지요.

〈007〉 시리즈는 지금까지도 제작되고 있지만, 인기가 예전 같지는 않아요. 아마도 그것은 냉전 체제가 해체되었기 때문일 거예요. 다른 진영에 속한 나라에 잠입하는 것만으로도 긴장감

넘치는 서사를 선사했던 〈007〉의 매력은 이제 시대적 배경이 달라져 더 이상 같은 매력을 뿜지 못하게 되었습니다. 주적이 사라지다 보니, 이후로는 미디어 그룹의 음모라든가 국제 비밀 조직 같은 적을 내세우고 있습니다. 냉전 시대의 적들과는 체급 자체가 다르죠.

냉전은 총성 없는 전쟁으로 제2차 세계대전 이후 소련이 해체되는 1992년까지 세계를 이해하는 가장 강력한 패러다임이었습니다. 이 시기를 살아온 이들은 지금도 상대 체제에 대한 불만과 불안이 많습니다.

냉전 체제의 양극이 바로 민주주의와 공산주의입니다. 사실 이 대립은 엄밀하게 말하면 맞지 않습니다. 정치 체제인 민주주의의 반대는 사회주의이고요, 경제체제인 공산주의의 반대는 자본주의입니다. 하지만 현실적으로는 민주주의의 대립태로 공산주의가 쓰이죠.

조지 오웰은 사실 사회주의자였다?

민주주의의 반대를 공산주의로 생각하는 경향이 있는데요, 이 생각은 잘못된 겁니다. 공산주의 역시 주권은 국민에게 있다는 개념을 바탕으로 하거든요. 그런데 많은 공산주의 국가에서 공산당을 중심으로 하고, 그 권력의 정점에 1인 지도자를 내세우다 보니, 자칫 독재 체제로 가기 쉬워져요. 실제로 공산주의 세계의 역사적 인물 중 대부분이 독재자가 되기도 했죠. 그래서 공산주의가 국민에게 주권이 있다는 개념으로 형성된 체제라는 게 와닿지 않습니다.

하지만 공산국가 역시 민중에게 주권을 주는 것이 맞습니다. 타고난 왕이라든가 귀족 같은 개념이 없어요. 오히려 공산주의야말로 인간은 모두 평등하다는 개념 아래 성립되는 체제입니다. 그래서 대표적인 공산주의 체제 국가인 북한의 정식 국호는 '조선민주주의인민공화국'입니다. 국호에 민주주의가 들어가 있어요. 민주주의의 반대는 공산주의가 아니라 독재나 왕정 같은 것입니다. 그리고 공산주의의 반대는 민주주의가 아니라 자본주의입니다. 자본주의가 초래하는 경제적 불평등에 반대해서 재산의 공동 소유를 주장하는 것이 공산주의입니다.

사회주의와 공산주의를 거의 동일하게 쓰는 경우도 많은데요, 이 역시 구분할 필요가 있어요. 크게 보면 사회주의는 공산주의로 가는 전 단계라고 생각하면 돼요. 사회주의는 생산의 사회화를 통해 자본주의의 문제점을 해결하려고 했는데, 공산주의는 그것보다 한 단계 더 들어가 사유재산의 개념을 완전히 없애고 공동생산, 공동분배를 꿈꿉니다. 사유재산이 없고 공유재산만 존재하니 빈부격차가 생길 수 없겠죠. 하지만 사람들은 공산주의와 사회주의를 혼용해서 쓰기도 합니다.

조지 오웰은『동물농장』에서 소련의 사회주의 혁명을 비판하는데요. 처음에는 동물들 전체를 위한다며 인간을 쫓아내는 혁명을 하지만, 결국에는 독재로 향하게 되는『동물농장』의 이야기를 통해 스탈린의 독재 체제를 비판합니다. 이 소설은 소련 혁명의 은유라고 할 수 있습니다. 소설의 내용을 살펴볼까요? 동물농장의 동물들이 돼지들의 주도로 자신들을 착취하는 인간들을 몰아내고 농장 운영권을 확보하면서 벌어지는 이야기를 담고 있습니다. 이런 혁명 이후 동물들은 자신들의 노동 환경이 개선될 것이라고 생각했는데, 모든 동물들을 위해 조금 더 일하자는 명목으로 오히려 점점 더 어려워져갑니다. 사실 알고 보면 인간의 역할을 혁명을 주도했던 돼지들이 대신할 뿐, 동물들 스스로에게는 어떤 혜택이나 이득도 없었던 것이죠. 이 통렬한 비판에 감명받은 우익 단체가 조지 오웰에게 강연을 요청했다는 이야기도 있어요. 우리나라에서도『동물농장』이나 『1984』는 공산주의의 부당함과 무서움을 경계하는 대표적인 소설로 꼽힙니다.

냉전 시대가 시작될 무렵인 1951년, 미국의 해외정보국은 『1984』를 30개국 이상의 언어로 번역해서 보급하는 자금을 지원하기도 했습니다. 6·25전쟁이 한창이던 우리나라도 그 지원금을 받았다고 하죠. 그 정도로 『1984』는 대표적인 반공소설입니다.

그러나 아이러니하게도 사실 조지 오웰은 사회주의자였습니다. 스스로 사회주의자를 자처했지만 결과적으로 사회주의 비판 소설을 쓴 조지 오웰에게는 그래서 배신자, 전향자라는 꼬리표가 따라붙기도 했습니다. 하지만 사실 조지 오웰이 비판한 것은 사회주의 자체가 아니라 타락한 사회주의였습니다. 사회주의 자체의 생각이나 제도에 문제가 있는 게 아니라, 그 제도를 돼지 같은 독재자들이 나타나서 잘못 운영하는 것이 문제라는 것이지요. 조지 오웰이 싫어한 것은 독재로 빠지기 쉬운 전체주의적 경향이었던 거예요.

조지 오웰이 비판한 것은 사회주의라기보다는 전체주의라고 보는 게 맞습니다. 정확히는 독재화되는 전체주의라고 해야 할 것 같네요. 조지 오웰은 민주주의나 제국주의보다는 그나마 사회주의가 덜 전체주의화될 것 같다는 생각에 사회주의자를 표방했다고도 합니다.

경찰 기관 이름이 애정부인 이유?

『1984』는 1946년에 상상한 42년 후의 미래 이야기입니다. 정확히 1984년이라기보다는 '근近미래' 정도로 조금은 불확실한 연도라고 해석하는 게 맞습니다.

이 소설에서 세계는 미국, 소련, 중국을 중심으로 한 3대 초
국가로 갈리고, 이 국가들이 끊임없이 국지전을 벌입니다. 이 국
가들이 전쟁을 하는 이유는 자원을 생산하되 대중에게 배분하
지 않음으로써 계층간 이동을 불가능하게 만들어 피라미드 계
급의 균형을 유지하기 위해서입니다. 계급 구조는 최상층인 내
부당원과 그 밑의 외부당원, 그리고 '프롤'이라는 대중으로 구
성됩니다. 프롤은 이 계층 구조에서 85퍼센트나 차지하고 있는
데 어원이 노동 계급을 뜻하는 프롤레타리아proletariat에서 온
것으로 보입니다.

주인공인 윈스톤은 외부당원입니다. 감정을 통제하고 빅 브
라더에 대한 한없는 충성을 강조하는 체제에 의문을 가지고 텔
레스크린을 피해 일기를 쓰는 등 금지된 행동들을 하면서 사소
한 차원이지만 개인적으로라도 체제에 반항합니다. 텔레스크린
은 집이든 회사든 어디에나 존재하는 TV라고 보면 되는데, 실
제 TV와 다른 것은 양방향 소통이 된다는 것이죠. 당에서 틀어
주는 영상을 수신할 수도 있지만, 반대로 일반 가정에서 일어나
는 일이 그대로 당에 보여지기도 합니다. 중요한 점은 텔레스크
린을 개인들이 컨트롤할 수 없다는 것이죠. 그러니까 당에서 개
인들의 가정에 설치한 일종의 CCTV인 셈인데, 개별 통제가 불
가능하기 때문에 모든 사람의 일상이 당에 24시간 내내 노출됩
니다. 완벽한 감시 기계인 거죠.

그러다가 윈스톤은 줄리아라는 여자를 만나 텔레스크린의 감시를 피해 사랑을 나눕니다. 『1984』의 세계에서는 개인적인 감정이 금지되어 있기 때문에 당연히 사랑도 금지되어 있습니다. 그런데 아이러니한 것은 이 나라에 있는 4개 행정기관 중 하나가 '애정부'거든요. 법과 질서를 유지하는 기관 이름이 애정부인데, 이름이 가진 뜻과 하는 일이 맞지 않지요. 사랑이 금지된 나라에 애정부라니 이상하잖아요. 그래서 원전을 찾아보니 영어는 더 합니다. 'Ministry of Love'예요. 왜 이런 이름을 가졌는지는 소설의 마지막에 가야 알 수 있습니다.

결국 윈스톤은 사상경찰에게 잡혀 고문을 받습니다. 조력자인 줄 알았던 오브라이언이 알고 보니 윈스톤을 감시하는 책임자였던 거죠. 흥미로운 것은 반역자들을 바로 총살하지 않고 끊임없이 세뇌시킨다는 점이에요. 반역 정신을 가지고 죽으면 순교자가 되어 이 나라의 흠 없는 체제에 오점을 남기기 때문이죠. 윈스톤은 갖은 고문을 견디다가 말로만 듣던 공포의 101호실에 가게 되는데요, 이 방은 사람이 가장 무서워하는 것으로 고문을 시키는 곳이에요.

마법학교 이야기인 소설 해리 포터 시리즈를 보면 그 사람이 가장 무서워하는 걸 소환하는 마법의 주문이 있죠. 그 아이디어는 아마 이 소설에서 영향을 받지 않았나 싶습니다.

윈스톤은 결국 줄리아에 대한 사랑을 부정하고 풀려납니다.

그 후 오히려 한가하고 여유롭게 지내지만 그는 권력이 원하는 체제 순응자가 되어버립니다. 이 소설의 마지막 문구는 "그는 빅 브라더를 사랑했다"입니다. 그래서 질서를 수호하는 기관의 명칭이 애정부였던 거죠. 빅 브라더를 사랑하게 만드는 부거든요.

『1984』를 패러디한 스티브 잡스

어렸을 때 『1984』를 보셨다면 주인공의 머리에 총알이 박혔다는 마지막 구절 때문에 주인공이 죽었다고 기억할 수도 있을 거예요. 하지만 이것은 윈스턴의 상상이지 실제 일어난 일이 아닙니다. 빅 브라더에 대한 사랑이 마음속에 진심으로 우러나오는 순간 예전의 윈스턴은 그야말로 사망한 것이고, 체제에 순응하는 빈 껍데기만 남게 된 것을 총알이 날아와 박히는 장면으로 비유한 것이지요. 실제로 죽은 것이 아니지만 반항기 가득한 윈스턴이 완벽하게 세뇌되어 체제 순응자가 되었기 때문에 『1984』는 지독한 새드엔딩으로 기억될 수 있습니다. 결국 전체주의가 현실을 넘어 정신까지 지배하게 된 거예요.

밀이 『자유론』에서 가장 강조했던 것은 인간의 개별성을 보장해야 한다는 것입니다. 하지만 전체주의에서는 인간의 개별성을 말살해야 할 것으로 치부해요. 조지 오웰이 『1984』를 통해 경계하는 것은 바로 전체주의고, 전체주의의 특징인 '획일화' 입니다. 조지 오웰은 사회주의나 자본주의 모두를 전체주의라고 보고, 개인의 의식과 개성을 말살하는 전체주의를 비판했습니다.

독재와 전체주의에 대한 조지 오웰의 경고는 1984년 스티브 잡스에 의해 상업적으로 완벽하게 패러디됩니다. 1976년 퍼스널 컴퓨터 회사인 애플을 처음 만들고 애플 1과 애플 2를 잇달아 발표한 잡스는 1980년 주식을 공개하면서 부자가 되죠. 하지만 아무리 그래도 MS의 플랫폼은 따라갈 수 없었어요. 그러다가 애플은 1984년 매킨토시 컴퓨터를 출시했는데, 이때가 마침 조지 오웰이 이야기한 1984년도잖아요. 그래서 매킨토시 컴퓨터의 광고를 『1984』를 소재로 해서 만듭니다. 여전사가 텔레스크린을 통해 세뇌 메시지를 계속 던지는 빅 브라더에게 망치를 던져서 깨버리는 내용인데요, MS로 획일화된 세상에 매킨토시가 다양성을 던지겠다는 메시지였죠. 그리고 마지막에는 조지 오웰의 『1984』와 실제 1984년에는 매킨토시로 인해 차이가 있다는 문구가 뜹니다.(Apple Computer will introduce Macintosh. And You'll see why 1984 won't be like "1984")

매킨토시가 크게 성공한 건 말하지 않아도 다들 잘 알 겁니다. 그런데 1985년 스티브 잡스는 이렇게 큰 공을 세우고도 자신이 만든 회사 애플에서 쫓겨나요. 아이러니하게도 이유는 지나치게 독선적이었다는 거였죠. 혼자만의 이상적인 생각으로 회사를 어려움에 빠트렸다는 건데요, 아마도 그의 방식에 반발해온 주변 사람들과의 매끄럽지 않은 인간 관계가 큰 원인이었을 거예요. 이후 잡스가 넥스트랩을 만들고 픽사를 인수해 〈토이스토리〉를 만들었지만 애플에 복귀할 때까지는 13년의 시간이 걸렸습니다.

애플의 광고가 던진 획일화에 대한 경고의 메시지가 대중에게 먹혔다는 것은, 대중 역시 획일화를 경계했다는 말이기도 합니다. 왕이나 독재자가 다스리는 체제는 점점 설 자리를 잃을 수밖에 없게 되었지요.

인류는 집단에서 개체로 점점 나아가고 있습니다. 야생에서의 생존, 외부 세력과의 전쟁 등 여러 투쟁 과정에는 일사불란한 집단적 대응이 유리했지만, 사회와 과학기술의 발전이 이루어지고 어느 정도 원초적인 위협이 제거된 지금은 개체의 개별성으로 그 관심이 집중되고 있습니다.

그러니까 인간은 최소한의 사회적 생활이라는 전제 아래 최대한의 개인 발전을 지향하는 쪽으로 나아가고 있는 것입니다.

정치는 믿음의 영역

『1984』가 경계하는 것은 획일화이지만, 또 하나 주목해야 할 것이 있습니다. 바로 권력에 대한 욕망입니다. 이 소설에는 빅 브라더가 독재 체제를 구축하고 국민들을 하나로 장악하는 이유가 나오지 않습니다. 이 책을 읽는 사람들 또한 그 이유를 전혀 궁금해하지 않죠. 이건 권력이 무언가를 이룩하기 위한 수단이 아니라 그 자체로 목적이 되어버리는 현실을 모두가 인지하고 있음을 보여줍니다. 권력을 장악해서 무언가를 이룩하겠다는 것이 아니라, 권력을 장악하는 것 그 자체가 목적이 된 것이지요. 권력을 장악한 다음 할 일은 그 권력을 유지하는 것밖에 없습니다.

권력은 그 자체의 유지를 위해 점점 종교화되어가고 있어요. 최근의 선거판을 보면 알겠지만, 집권해서 무엇을 하겠다는 것보다는 상대방 후보나 당의 어떤 점이 잘못되었다는 식의 비난으로 가득차 있습니다. 저런 사람이 권력을 잡으면 안 되니 자신이 잡겠다는 이야기인데요, 자신이 권력을 잡으면 어떤 식의 정치나 정책을 만들겠다는 이야기는 딱히 부각되지 않아요. 사실 뚜렷한 정책이 없는 경우도 많고요. 본래 권력은 자신이 이룩하고 싶은 이상적인 사회를 이루기 위한 수단이 되어야 하는데, 권력을 잡는 것 자체가 이룩하고 싶은 목적이 되어버린 겁니다.

이런 경우는 정치보다 신앙에 더 가깝다고 할 수 있어요. 뇌과학자 정재승 교수의 말에 의하면 종교와 정치는 뇌를 자극하는 부분이 같다고 합니다. 정치가 사실의 영역이 아니라 믿음의 영역이라는 뜻이죠.

그런 면에서 『1984』는 믿음이 현실을 어떻게 지배하는지를 잘 보여주는 소설이라고 할 수 있습니다. 정치가 믿음의 영역이라는 것을 보여주는 셈이지요. 결국 윈스톤은 가상의 인물 빅 브라더가 구원자라는 것을 진심으로 믿게 되니까요.

『1984』를 보고 나면 인간의 생각을 지배하려는 전체주의나 정치, 권력 등에 대항해 개인적인 사고, 혹은 비판적인 사고를 강화시키지 않으면 결국 그런 것에 잠식되어버릴 수도 있겠구나 하는 경각심이 듭니다. 정치는 믿음이고, 믿음은 논리를 초월하기 때문에 설득될 수도, 그리고 설득할 수도 없으니까요.

언어가 사고를 지배한다는 생각

어려서 이 책을 봤을 때 제일 인상 깊었던 것은 말의 어휘를 단순화해서 생각의 힘을 제거한다는 아이디어였어요. 『1984』에서는 어휘를 계속 단순화하면서 어휘 수를 줄여 나갑니다. '좋은good'이라는 말의 반대를 굳이 '나쁜bad'으로 설정할 필요도 없이 '안 좋은ungood'으로 설정하고, '훌륭한splendid'이나 '탁월한excellent' 같은 말은 '더 좋은plusgood'이나 '더욱더 좋은 doubleplusgood'으로 설정하는 거예요. 그럼 실제적으로는 '좋은'이라는 하나의 어휘가 이런 표현들을 다 감당하게 되죠.

이렇게 하는 목적은 사고의 폭을 좁히기 위해서인데요. 어휘를 없애 사고의 폭을 좁히면 사상에 관련된 말 자체를 없애버릴 수 있으니 아예 사상죄 자체가 불가능해지는 거죠. 자유라는 어휘를 없애면 결국 자유에 대한 갈망도 없어질 거라는 건데요, 그럴듯하지 않나요? 어린 마음에 언어가 사고를 지배할 수도 있겠구나 하는 생각이 들어 어휘력을 풍부하게 하려고 부지런히 책을 본 기억이 있습니다.

◆ 레벨 3 ◆

생각하는 인간

LV. 3

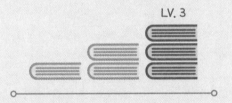

원칙과 합의도
돈으로 사는 세계

마이클 샌델 『돈으로 살 수 없는 것들』

#자본주의

거부하기 힘든 패스트트랙의 유혹

미국 플로리다에 있는 유니버설 스튜디오에 간 적이 있어요. 유니버설의 영화들을 소재로 한 어트랙션과 볼거리들을 종합해놓은 놀이동산으로 제가 제일 기대했던 곳은 영화 〈해리 포터〉에 나오는 마법 마을, 다이애건 앨리를 재현해놓은 곳이었어요. 일본 오사카에 있는 유니버설 스튜디오에 갔을 때 〈해리 포터〉의 마법학교 호그와트에 가봤는데요, 개인적으로는 다이애건 앨리가 좀 더 재밌었어요.

플로리다에 있는 유니버설 스튜디오는 유니버설 스튜디오

와 아일랜드 오브 어드벤처, 그리고 볼케이노 베이로 구성되는데요. 전통적인 유니버설 스튜디오와 어트랙션이 특화된 아일랜드 오브 어드벤처는 둘 다 꼭 가봐야 하는 곳이거든요. 거기다 플로리다에서는 디즈니월드도 꼭 가봐야 할 곳이니, 체류 날짜가 정해져 있는 사람들은 시간에 쫓길 수밖에 없어요. 그런데 놀이기구 하나에 한 시간 이상 기다려야 한다면 하루에 한 곳도 제대로 둘러보기 어렵습니다.

그래서 사람들은 패스트트랙 티켓에 눈을 돌릴 수밖에 없어요. 유니버설 스튜디오에는 일반적인 자유이용권과 패스트트랙을 이용할 수 있는 익스프레스권 이렇게 두 종류의 티켓을 판매하고 있어요. 보통 놀이기구 앞에는 일반 줄과 패스트트랙 줄이 따로 있는데요, 패스트트랙 줄 위주로 먼저 놀이기구를 태우고 나중에 일반 줄을 들여보내는 식으로 진행됩니다. 그러니까 어떻게 생각하면 돈을 내고 합법적인 새치기를 하는 셈입니다.

익스프레스권은 시기와 계절, 성수기 여부에 따라 다르긴 하지만 보통 일반적인 자유이용권의 1.5~2배 가격으로 판매되는데요, 그럼에도 돈을 더 내고 익스프레스권을 사기 잘했다고 생각하는 사람들이 많습니다. 아무래도 여행객들에게는 돈보다는 시간이 더 중요하니까요.

저도 익스프레스권으로 이 합법적인 새치기를 이용해보았습니다. 처음에는 길게 늘어선 일반 줄 옆으로 쑥쑥 지나쳐 가는 것이 약간 미안한 마음이 들었는데, 나중에는 굉장한 특권처럼 느껴지더라고요. 계속 이런 경험을 하다 보면 우월 의식이 생기겠다 싶을 정도로, 뿌듯했습니다.

개별성을 구분하게 되는 기준은 무엇인가?

사회 계약의 핵심은 원칙입니다. 서로 협의하고 지키기로 한 게 원칙이잖아요. 그런데 최근 들어 돈이 그 원칙 위에 서는 일들이 많아지고 있어요. 택배를 부칠 때 일반배송과 특급배송이 차이 나고 공공기관인 우체국에서도 돈을 더 낼수록 배송 상품이 안전하고 빠르게 도착지에 배송됩니다. 미국에선 혼잡한 교통시간에 여러 명이 차를 타고 움직이는 카풀을 이끌어내기 위해 다인승 차로를 실시하고 있습니다. 이 차로를 HOV^{highly} $_{occupied\ vehicle}$ 레인이라고 해요. 우리나라도 대중교통 활용을 유도하기 위해 버스 전용 차로를 실시하고 있잖아요. 그런데 다인승 차로를 여러 명이 차를 탄 사람뿐만 아니라 일정한 요금을 낸 사람에게도 이용할 수 있게 해주는 주가 있어요. 돈을 낸 사람은 이 차로를 이용해서 막히는 시간에도 원하는 곳에 조금 더 빨리 갈 수 있죠. 미국에서는 이 차로를 렉서스 레인이라는 별칭으로 부르기도 하는데요. 렉서스는 일본 자동차 브랜드인 도요타가 도요타의 대중적인 이미지를 극복하기 위해서 고급스러운 이미지로 내놓은 차인데, 여기서 따온 말이죠. 렉서스 레인이라는 말은 렉서스 같은 고급차를 탈 정도의 사람이라면 그런 요금은 아무렇지 않다는 의미입니다.

돈을 더 지불하고 합의와 원칙 위에 서는 것, '내 돈 내고 더 편하게 이용하겠다는데 뭐가 문제야?'라고 생각하는 사람도 있겠지만, 이런 사고는 곧 국민주권 국가의 기본 전제인 합의와 원칙이 때에 따라 무시되는 결과를 불러올 수도 있습니다. 사회계약설의 기본 토대가 깨지는 거죠. 이런 양태가 더욱 발전하면 법을 지키지 않아도 돈만 있으면 법에 대한 사면권이 발동할 수도 있겠죠. 종교개혁을 불러일으킨 면죄부 판매와 크게 다를 바없는데요, 최근 들어 돈 있는 사람에게는 법조차도 관대하다는 '유전무죄 무전유죄'라는 말이 심심치 않게 들리는 것으로 보아 이런 생각은 가상의 위험으로만 그치지는 않을 것 같습니다.

돈이 있느냐 없느냐에 따라 법적 판단이 달라진다면 사람들은 사회가 불공정하다고 느낄 것입니다. 입시나 채용같이 원칙과 기준이 확고한 틀 안에서도 돈이나 권력 같은 요소가 작동해서 원칙과 기준이 다르게 적용되고, 그것이 항시적인 것이 된다면 그야말로 불공정한 사회가 고착되는 것이겠죠. 최근 들어 한국 사회는 이런 부분에 굉장히 민감한 편입니다. 이른바 금수저들에게 채용이나 입시에서 특혜가 주어졌다는 증거들이 속속 드러나면서 사회 분위기가 더욱 날카로워지고 있지요.

돈이 작용하는 부분이 어디까지인가에 대한 기준이 합의되지 않으면 결국 모든 것을 돈으로 환산하게 되는, 금권 만능주의에 가닿게 될 것입니다. 그렇게 되면 인간의 개별성을 구분하는 기준이 재산의 정도가 될지도 모릅니다. 사실 지금 우리 사회도 개별성의 기준이 돈이 되고 있지는 않은지 돌아볼 필요가 있습니다.

시장주의가 야기하는 2가지 문제

이런 사회 분위기에 일침을 가하는 책이 바로 마이클 샌델의 『돈으로 살 수 없는 것들』입니다. 마이클 샌델은 『정의란 무엇인가』로 유명한 하버드대학 교수님이죠. 『정의란 무엇인가』가 하버드대학의 '저스티스Justice'라는 강의를 모체로 하듯이 이 책 역시 하버드대학에서 이루어진 '마켓 & 모럴Market & Morals'이라는 강의를 바탕으로 쓰여졌습니다.

이 책은 시장주의로 야기되는 문제를 다룹니다. 마이클 샌델은 이 책에서 모든 것이 시장화되고, 가격이 매겨지고, 사고팔 수 있는 상품이 되어서는 안 된다고 주장합니다.

인도 여성의 대리모 서비스는 6250달러, 미국 교도소 감방의 업그레이드 가격은 1박에 82달러라고 하죠. 그 규모를 정확히 알 수는 없지만 미국 명문 대학에는 분명 기부금 입학이 존재합니다. 주위를 둘러보면 돈으로 해결할 수 없는 문제는 거의 없어 보입니다. 돈이 없어서 문제죠.

마이클 샌델이 보기에 이런 행위에는 크게 2가지 문제점이 있습니다. 먼저 '공정성의 문제'입니다. 돈이 있는 사람과 없는 사람은 시간 사용에서까지 불공정한 출발선에 서게 됩니다. 또 하나의 문제는 '부패'입니다. 여기서 부패는 조금 광범위한 의미로 사건이나 사물의 가치가 본질적인 의미를 잃고 타락하는 것을 말해요. 어떤 것을 달성하기 위해 들어가는 시간과 노력이 돈을 주면 살 수 있게 되는 순간, 그 가치를 잃게 된다는 겁니다. 예를 들어, 시험을 잘 보면 용돈을 주겠다는 보상을 거는 것은 바람직한 게 아닙니다. 공부 자체에 흥미를 가질 기회를 빼앗고 공부를 오로지 돈벌이 수단으로만 여기게 될 수 있거든요.

핵폐기물 처리장을 설치하자는 제의를 받은 스위스의 작은 마을이 그냥 허가를 구할 때는 주민들이 50퍼센트 정도 동의했는데, 그 대가로 돈을 주기로 하니 오히려 25퍼센트로 동의율이 줄어들었다는 이야기는 눈앞의 작은 이익보다는 공공성에 의해 사람들이 움직인다는 것을 보여줍니다. 생명이나 이름을 짓는 권리인 명명권까지 상품화되고 광고화되는 것을 보며 마이클 샌델은 이쯤에서 멈출 것을 권고합니다.

사람의 가치는 돈으로 환산할 수 없다

마이클 샌델은 모든 것이 돈으로 환산될 경우 결국 우정, 사랑, 명예, 도덕, 윤리 같은 것들이 모두 소멸될 것이라고 예견합니다. 하지만 샌델이 분석한 사례들을 자세히 보면 약간 모순이 있어요. 예를 들어, 샌델은 미국 프로 야구의 광고 문제를 들면서 담장에 있는 광고 정도는 괜찮은데 해설할 때 간접광고가 언급되는 것은 안 된다고 합니다. 왜 담장에 있는 광고는 괜찮고 해설할 때 간접광고 하는 것은 안 되는 거죠? 적절한 것과 그렇지 않은 것을 구분하는 데 정확한 기준선은 사실 알 수 없어요. 자신의 경험에 따라 주관적으로 판단하기 쉬운데, 이에 대한 합의는 샌델의 세대와 지금의 세대가 조금 다를 듯합니다.

하지만 사람의 가치는 돈으로 환산하면 안 된다는 데는 저도 확실히 동의합니다. 예전에 이런 일이 있었어요. 대학생 때 용돈 벌이로 과외를 했는데, 제법 실력이 괜찮다고 소문이 나서 당시로는 꽤 큰 금액을 받고 과외를 하게 되었어요. 시간은 한정되어 있고 해달라는 사람은 많으니 희소성의 원리에 따라 자연스레 시장가가 오르게 되더라고요. 그런데 과외를 시작하고 두 달 정도 지났을 때인가 학생들 어머니가 아이들 앞에서 저에게 이렇게 이야기하는 거예요. "선생님, 이번에 애들 중간고사 점수 안 나오면 잘려요." 그런 이야기를 할 수도 있지만, 그래도 선생님인데 학생들 앞에서 해도 되는 이야기는 아니라는 생각이 들었어요. 그래서 그날 바로 "저 이번 달까지 하고 그만두겠습니다"라고 말했어요. 그 어머니는 "선생님 죄송합니다"라고 말했어요. 차라리 "왜요?" 그랬으면 못 이기는 척하고 다시 할 수도 있었는데, "죄송합니다"는 좀 충격이었습니다. 그렇게 말하면 안 된다는 것을 그 어머니도 알고 있었다는 거잖아요. 그래서 단호하게 그만두었죠.

돈의 힘이 점점 강력해지는 사회

이 책의 주장은 아주 선명합니다. 모든 것을 돈으로 환원화하면 돈 있는 자와 돈 없는 자 사이의 불공정 문제가 발생하고, 공공성이나 윤리 같은 것들이 가치를 잃게 되어 부패의 문제가 발생한다는 것입니다.

공공성은 체제를 유지하는 기본 전제가 되는 것입니다. 결국 돈으로 인해 사회계약의 기본 합의가 깨질 수 있다는 것이지요. 지난 몇백 년간의 인류의 역사는 '만인의 만인에 대한 투쟁' 상태를 타파하게 해주는 사회계약의 전제 아래 이루어졌습니다. 다만 그것을 지키게 하는 사법권의 주체가 절대왕정에서 국민이 뽑은 정권으로 바뀌었을 뿐입니다.

그런데 점점 돈의 힘이 강해지면서 권력, 도덕, 윤리의 선을 침범하고 있습니다. 물론 돈의 힘은 예전부터 강했습니다만 아무리 돈이 많아도 침범할 수 없는 것도 있었죠. 가령 귀족이라는 신분은 아무리 돈을 많이 번 상인이라도 침범할 수 없었습니다. 그래서 중세 시대 때 돈을 축적한 유산계급을 특정하는 '부르주아'들이 근대 시민혁명의 주체가 된 것입니다. 기존 질서에서는 자신들의 한계가 명확하니까, 그 한계를 극복하기 위해 기존 질서를 깰 수밖에 없었던 것이지요.

부르주아들의 전폭적인 지지로 일어난 시민혁명과 자본주의 국가로서 미국의 성공은 '민주주의'와 '사회주의'를 다 떠나서 '자본주의'로의 자연스러운 이행을 만들어냈습니다.

한편, 중국은 소련의 쇠퇴 이후 미국에 대항할 만한 세계 경제의 양대 세력으로 떠올랐습니다. 그런데 중국은 공산주의의 본래 체제를 따르지 않고 있어요. 중국은 덩샤오핑 이후 시장경제를 받아들였습니다. 중국특색사회주의中國特色社會主義는 이런 사회주의를 일컫는 말입니다. 덩샤오핑의 '흑묘백묘론黑猫白描論'은 중국의 개혁, 개방을 이끌었는데 그의 고향인 쓰촨성의 속담에서 나온 말이라고 합니다. '쥐를 잡는데 흰 고양이든 검은 고양이든 상관없다'는 뜻으로, 중국 경제를 발전시키는 데 사회주의든 자본주의든 상관없다는 실용주의 노선을 뜻합니다. 그래서 중국은 현재 세계에서 가장 부자가 많은 나라가 되었습니다. 글로벌 은행인 크레디트스위스가 발표한 '2019 글로벌 부자 보고서'를 보면 전 세계 상위 10퍼센트 부자 중 중국인이 약 1억 명으로 약 9900만 명인 미국인을 살짝 앞섭니다. 상황이 이런데 중국이 자본주의를 지향하는 것이 아니라고 말할 사람은 몇 없을 겁니다.

돈이 신분제를 대체하는 사회로 나아가고 있는가?

세계가 모두 자본주의화되어가는 시점에 돈의 힘은 점점 막강해지고 있습니다. 미래 세대를 다룬 영화들을 보면 하나같이 빈익빈 부익부의 양극화된 세계상을 말해요. 사는 구역 자체가 다르고, 정부의 대우가 다르고, 혜택이 다른 양극의 세계가 그려집니다. 이것이 과연 공정한 세계일까요?

자신이 가진 돈에 의해 대접을 받는다는 면에서는 공정하다고 말하는 사람도 있을 겁니다. '부모님의 재력'도 개인이 가진 능력 중 하나라고 주장하는 사람도 있으니까요. 하지만 절대왕정을 무너뜨리고 국민주권을 바탕으로 하는 세계를 살아가는 사람들이 추구하는 이상적인 사회는 확실히 아닌 것 같아요. 태어나면서부터 부모의 신분에 따라 귀족과 노예가 정해지는 세상을 깨고 다시 만들어낸 세계가 태어나면서부터 부모의 부에 따라 할 수 있는 일의 범위가 정해지는 세상이라면, 모두 다 동등한 개체로서 기본적인 권리를 누리는 사회는 대체 어디에 있을까요?

개별성의 시대에 인간에게 존재 의의를 부여하는 것은 돈'만'이 되어가고 있습니다. 마이클 샌델은 돈 앞에 인간 본연의 가치와 지켜야 할 것들이 없어지는 상황을 경고합니다.

인류는 신이나 왕에게 저당 잡혔던 '인간'을 이제는 돈의 재단 앞에 바치는 중인 걸까요? 여기까지는 인류가 지나온 과거였기 때문에 분석을 통해 인과를 판단하고 그 방향을 이야기할 수 있었지만, 지금부터는 진행형입니다.

이타적인 인간을 설명해주는 이기적인 유전자

리처드 도킨스 『이기적 유전자』

#다윈의 진화론 #ESS #밈

인간의 이기심이 사회를 발전시킨다?

경제학에서 가장 유명한 개념 중 하나가 애덤 스미스가 이야기한 '보이지 않는 손'입니다. 애덤 스미스는 최초의 경제학 저술이라고 일컬어지는 『국부론』의 저자죠. 그런데 사실 애덤 스미스가 『국부론』에서 '보이지 않는 손'을 직접적으로 언급한 것은 단 한 차례뿐입니다. 원샷 원킬이네요. 단 한 번 나온 용어가 대중의 엄청난 호응을 얻어 오늘날 경제학을 잘 모르는 사람이라도 한 번쯤은 들어본 용어가 되었으니까요.

애덤 스미스는 생산자가 자신의 이익을 극대화시키려고 노력하는 가운데, 수요자 역시 소비할 때 자신의 이익을 극대화시키려고 노력하는 접점에서 가격이 형성된다고 설명하는데요, 소비자와 생산자 모두 만족하는 점에서 형성되는 가격은 사회적 공익 역시 극대화시킵니다. 그래서 이 조정 과정을 보이지 않는 손에 의해서 가격이 형성된다고 표현하죠.

'보이지 않는 손'이라는 개념이 성립하기 위해서는 인간의 이기심이 필요합니다. 『국부론』의 한 구절로 유명한 "우리가 저녁 식사를 기대할 수 있는 건 푸줏간 주인, 술도가 주인, 빵집 주인의 자비심 덕분이 아니라 그들의 자기 이익을 챙기려는 생각 덕분이다. 우리는 그들의 박애심이 아니라 자기애에 호소하며, 우리의 필요가 아니라 그들의 이익만을 그들에게 이야기할 뿐이다"라는 말은, 인간의 이기심이 사회를 발전시킨다는 애덤 스미스의 생각을 잘 보여줍니다.

개인주의 문화

이렇게 대부분의 현대 이론들은 이기적 인간을 전제하고 전개됩니다. 인간 개개인이 존중되며 인권이 향상되고, 개인이 가진 특성과 개별성이 존중되는 시대가 되면서 사회의 단위는 점점 개인화되고 있습니다. 사실 이 부분은 동양적인 사고와 서양적

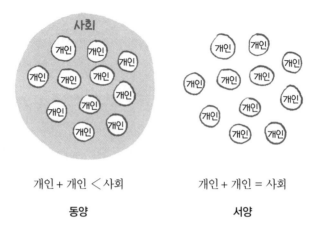

개인 + 개인 < 사회　　　　　　　개인 + 개인 = 사회

동양　　　　　　　　　　　**서양**

인 사고에서 큰 차이가 나는데요. 예를 들어, 서양적인 사고에서 사회는 개인의 집합체입니다. 계약으로 유지되는 것이 사회죠. 반면 동양적인 사고에서는 전체라는 테두리 안에 개인이 들어 있는 것이 사회입니다.

　그래서 서양 영화들을 보면 은퇴한 전직 CIA나 특수부대 요원들을 다시 전투로 이끄는 것은 국가의 부름이 아닙니다. 개인의 확장태인 가족이 피해를 당할 때입니다. 리암 니슨이 주연을 맡은 〈테이큰〉이라는 영화가 있어요. 딸이 납치되자 범인을 찾아 나선 전직 특수요원인 아버지가 전화에 대고 "널 찾아내서 죽일 거다"라고 하는 이 영화의 대사는 꽤 유명합니다. 심지어 가족같이 여기는 개를 죽인 사람에게 복수하기 위해 전 세계의 킬러와 등을 지게 된 은퇴한 킬러의 이야기 〈존 윅〉도 있습니다.

지금의 세계는 서양에서 발전시킨 민주주의와 자본주의를 골격으로 세워졌습니다. 경제 역시 그런 전제 하에 돌아가고 있다는 것을 이해하면 전 세계적으로 퍼지고 있는 개인주의 문화가 이해될 겁니다. 그런데 개인주의는 다른 사람에 대한 배려와 존중을 빼버리는 순간, 금세 이기주의로 바뀝니다. 특히 집단이 되면 이기주의는 더욱 강력하게 민낯을 드러냅니다. 일례로 중국에서 코로나19 바이러스가 유행하자, 유행의 진원지인 우한에서 교민들을 한국의 전세기로 실어 나르는 과정에서 한 지방도시가 그들의 수용을 강력하게 거부해서 다른 지방 도시로 수용된 일이 있었습니다.

이기주의의 관점은 세계를 이해하는 데 중요한 열쇠가 됩니다. 인간의 본성은 이기적이니까요.

설명이 힘든 인간의 이타성

국민주권 시대로 접어들면서 인간의 개별성을 가장 우위에 놓고 체제가 발전했으니 당연히 개별성에 대한 존중이 나타날 수밖에 없었습니다. 다른 사람과의 공존은 법에서 정한 규칙을 따르는 것으로 충분하므로 개인들은 법의 의무를 뛰어넘는 타인을 위한 희생을 할 필요가 없었습니다. 인간이 이기적인 것은 당연합니다.

근대가 되면서 인간을 이해하는 근본 관점이 사회학이나 인문학에서 과학으로 바뀌어갑니다. 어떤 행동이나 현상에 대해 과학적으로 설명하려고 노력하게 되죠. 인간의 이기성을 설명하는 과학적인 근거로 다윈의 진화론이 있습니다. '자연선택'이라는 용어를 들어보셨을 텐데요, 사실 이 용어를 처음 쓴 것은 다윈이 아니라 생물학자 허버트 스펜서입니다. 다윈은 『종의 기원』 5판에서 이 용어를 수용하여 "적자생존과 자연선택은 같은 의미"라고 서술하긴 했습니다만, 현대 생물학에서는 적자생존보다는 자연선택을 주로 쓰고 있습니다. 면밀하게 보면 적자생존은 사실 자연선택설의 하위 개념이라고 할 수 있어요. 적자생존이 자연선택이 가진 개념보다 내포하는 변수가 적기 때문입니다.

적자생존은 '환경에 대한 적응도가 가장 높은 생물이 살아남는다'는 것인데요, 자연선택은 이런 것까지 포함해서 조금 더 광범위한 변수를 이야기합니다. 자연선택은 생물들이 가진 유전적 변이들 중 살아남는 것을 자연이 선택한다는 이론입니다. 그리고 이러한 변이가 쌓이면서 생물종은 진화하지요. 적자생존은 생식적으로 적합한 것만을 이야기하지만, 자연선택은 생식과 생존을 합한 보다 더 복합적인 개념입니다.

다윈의 진화론은 인간이 신에게서 벗어나 스스로의 주권을 세우는 과정에서 과학적 토대를 제공하는 중요한 이론이었습니다. 그리고 인간의 개별성 역시 이 이론으로 인해 뒷받침되었죠. 약간의 변이들이 발생할 수밖에 없고, 그것이 자연선택의 근거이니까요.

하지만 우리의 사회는 이기성 하나로 설명할 수 있을 정도로 단순하지 않습니다. 실제로 코로나19와 관련, 우한 교민의 수용 과정에서 이기적인 인간이라는 관점으로는 이해하지 못할 일들이 벌어졌습니다. 우한 교민들을 수용하게 된 지방 도시에서 처음에는 거부하는 움직임이 있었지만 막상 교민들이 당도하자 편히 쉬었다 가시라는 플래카드를 걸어 포용의 움직임을 보여줬습니다. 그리고 교민들을 전세기로 실어 나르는 과정에서는 14일의 격리 생활이 예정되어 있는데도 불구하고 근무를 자원한 항공사 승무원들도 있었습니다.

이기적인 인간이라는 전제로만은 도저히 설명하지 못할 일들이 인간 사회에서는 수시로 벌어집니다. 이타적인 행동들인데요, 이 이타성을 과학적으로 어떻게 설명할 수 있을까요?

개별성이 중요하고, 자신의 자손을 후세에 남기는 것이 인간이 가진 삶의 목적이라면 자기 자식도 아닌 다른 사람을 위해 희생하고 봉사하는 것은 이해되지 않는 행동입니다. 심지어 이것은 인간이 아닌 다른 생물종에서도 종종 관찰되는 특성이어서 더욱 놀랍습니다. 도덕이나 윤리 같은 교육을 빙자한 세뇌의 결과라고도 설명할 수 없으니까요.

이 의문에 답하기 위해 쓰인 책이 리처드 도킨스의『이기적 유전자』입니다. 인간의, 그리고 생물들의 이타성이 발현되는 원인을 과학적으로 규명한 책입니다.

이기적 유전자가 낳은 이타적 행위

『이기적 유전자』는 원래도 유명한 책이지만, 입시 문제를 다룬 드라마 〈스카이 캐슬〉에서 나와 더욱 화제가 되었습니다. 서울대 입시 과정에는 자기소개서 문항에 '감명 깊게 읽은 책'을 쓰는 란이 있습니다. 그래서 서울대를 지망하는 학생들은 독서 모임을 자주 하는 편입니다. 면접에서 그 책에 대해 질문 받을 수 있기 때문에 자신의 언어와 생각으로 책에 대해 말할 수 있어야 합니다. 〈스카이 캐슬〉에서도 서울대를 가기 위한 학생들이 독서 모임을 하는 장면이 나오는데요. 예서라는 아이가 "자신이 1등 하고 싶은 이기적 욕망에 충실한 것이 맞는 것"이라는 식으로 책에 대한 감상을 발표하는 게 눈에 띄더라고요. 바로 이러한 이해가 가장 일반적으로 빚어지는『이기적 유전자』의 잘못된 독해입니다. 이런 오해는 제목에서 기인한 면도 있습니다. 하지만『이기적 유전자』는 결코 이런 이야기가 아닙니다.

인간이 인간일 수 있는 여러 특징 중 하나가 이타적 행위입니다. 그런 것들이 모인 사회화의 여러 징표들이 많이 이야기되는데, 리처드 도킨스는 이타적 행위처럼 보이는 것이 유전자 수준에서는 이기적인 행위라고 이야기합니다. 사실 생명체의 이타적 행위는 다윈의 『종의 기원』에서는 설명하기 어려운 현상이었습니다. 강한 자만이 살아남는다는 기본 개념 하에서 강한 자가 약한 자를 위해 희생하는 모습은 이론적으로는 설명 불가능합니다.

　그런 난점을 『이기적 유전자』는 깔끔하게 설명합니다. 인간을 포함한 생명체는 유전자를 보존하기 위해 프로그램되었기 때문에 모성애, 집단의 보존을 위한 희생, 자기와 비슷한 유전자를 많이 남기기 위해 가족이나 친족에 대한 남다른 애착 등이 나타난다고 말이에요. 인간이 다른 인간을 위해 희생하는 이타적인 행위는 유전자 수준에서 볼 때 자신과 비슷한 유전자를 가능한 한 많이 남기려는 이기적인 행위라는 거죠. 예를 들어, 생태계의 피라미드에서 밑에 있는 새는 매를 발견하고 큰 소리로 경고를 보내는데, 이 소리 때문에 자신은 매에게 잡아먹힐 위험에 노출되거든요. 하지만 전체적으로는 집단을 보존함으로써 자신과 비슷한 유전자를 후세에 남기는 데 기여하게 됩니다. 유전자는 자신이 조종하는 개체 자체에는 관심이 없어요. 그건 그냥 유전자를 보존하기 위한 수단에 불과하니까요.

인간과 동물의 차별점은 밈?

『이기적 유전자』라는 제목은 논란이 될 수밖에 없습니다. 아마도 도킨스는 이런 논란을 의도하고 이 제목을 썼을 겁니다.

다윈의 『종의 기원』 이후로 사람들은 신에게 부여받은 인간만의 차별점에 대해서 의심할 수밖에 없게 되었죠. 신의 형상을 따서 만든 인간, 그리고 신에게 이 땅을 다스릴 권리를 받은 신의 피조물이라는 인간의 개념은 다 원숭이에게나 줘버리게 된 거예요.

그런데 『이기적 유전자』는 여기에 기름을 붓습니다. 『종의 기원』 이후로 인간은 신의 대리인이라는 개념을 버리게 되었지만 그래도 진화적으로 가장 완성된 차별화된 종족이라는 우월감이 있었거든요. 인간이라는 개체가 특별함을 가지고 있었다는 거죠. 그런데 『이기적 유전자』는 인간 개체가 유전자의 생존을 위한 기계일 뿐이고, 유전자에 의해 철저히 이용당하는 것에 불과하다고 말합니다. 좀 과하게 표현하자면, 인간의 존엄성 따위는 박테리아에게 줘버리게 된 거나 마찬가지입니다.

개념은 알겠는데 인간이 그냥 수단이며 덩어리에 불과하다는 개념은 받아들여지기 어려웠습니다. 그래서 리처드 도킨스의 이론은 엄청난 공격을 받아요. 도킨스는 이런 공격을 예상했는지 밈이라는 문화적 전승 행위로 방어합니다.

리처드 도킨스는 밈을 동물과 인간의 가장 큰 차이점으로 드는데요, '밈'은 문화가 자기 복제성을 가지고 주변에 전파되는 양상을 말합니다. 이런 모습이 유전자와 비슷하다는 것이지요. 밈은 문화뿐 아니라 종교, 사상, 이념 같은 인간의 정신적 행위에 다 적용되는 개념입니다. 요즘에는 도킨스의 논의를 인터넷에 적용시켜 '인터넷 밈'이라고 부르는 현상도 있습니다. 인터넷의 발달로 훨씬 빠른 속도로 문화의 복제가 이루어져 빠르게 퍼지는 현상을 일컫는 말입니다.

하지만 밈 개념은 정말 추상적이어서 인간의 존엄성에 대한 방어로 억지로 만들어 붙인 개념이 아닐까 하는 생각도 들더라고요. 리처드 도킨스는 밈을 통해 인간은 동물과 다르게 인지적 특징이 있다는 것을 얘기하고 싶었던 것 같아요.

'이기적 유전자'는 '이타적 인간'을 설명하기 위한 도구

〈스카이 캐슬〉의 예시에서는 1등을 하고 싶은 유전자의 이기적 욕망에 충실하겠다고 말했지만 리처드 도킨스는 유전자를 의인화하는 것을 경계합니다. 유전자에 욕망이 있는 것이 아니라, 자신의 유전자를 후대에 보존하는 쪽으로 행동하도록 프로그램화되어 있을 뿐이라는 것이지요. 사실 꼭 1등을 해야겠다는 욕망이나 프로그램은 유전자를 보존하는 데 큰 도움이 되지 않습니다. 1등을 하거나 의사가 되는 것은 진화적으로 보면 큰 의미가 없는 행동이거든요. 차라리 외모가 더 뛰어나거나 건강하다는 식의 신체적 강화가 유전자 보존과 확장에 더 도움이 되죠. 그러니 『이기적 유전자』를 읽으며 인간의 이기적인 욕망을 투영시키는 것은 잘못된 독해입니다.

그런데 1등을 하면 조금 더 우월한 배경을 가지게 될 가능성이 커지니 유전자가 그렇게 지시하는 게 아니냐는 질문을 많이 하는데요, 유전자에 새겨질 정도로 의미 있는 진화적 방향이 형성되는 데는 상당한 시간이 필요합니다. 인간의 역사를 기록한 3000~4000년 정도의 시간으로는 어림도 없죠.

그래서 유전자 차원으로 인간을 들여다본다면 인간의 사회적 욕망보다는 자연적이고 본능적인 욕망에 대해 이야기해야 합니다. 훨씬 더 오랜 기간에 걸쳐서 이룩한 진화의 방향으로요.

『이기적 유전자』는 인간의 이기적인 행동을 정당화하려고 쓰인 책이 아닙니다. 이타적인 행동을 설명하려고 쓰인 책이에요. '이타적 행동으로 보이는 무리의 사회화 행동들이 사실은 유전자 수준에서는 유전자의 보존이라는 목적을 위해 기능할 뿐이고, 개체들은 유전자의 운반자일 뿐이다.' 이것이 바로 『이기적 유전자』가 주장하는 내용입니다.

인간은 과연 어떤 존재일까요? 신에게 선택받은 유일무이한 별종일까요? 아니면 여러 생물 중 하나일 뿐일까요? 종교와 과학은 이에 대해 양극단의 이해를 제시하는데요, 그런 논의들을 알아야 스스로 생각하는 데 도움이 될 거예요.

어쨌든 인간의 이타적 행동을 이해하기 위해 쓰인 이 책의 논의가 무색하게도 지금의 인간들이 이기적인 행위들에만 충실한 건 꽤 아이러니한 상황이 아닐까 합니다.

유전자의 선택, ESS

『이기적 유전자』를 쓴 리처드 도킨스는 글을 잘 쓰는 과학자예요. 과학책인데도 『이기적 유전자』는 정말 재미있습니다. 『이기적 유전자』가 소설이라면, 『종의 기원』은 성경책 같은 느낌이죠.

제목을 짓는 센스도 놀랍습니다. 원래 '불멸의 유전자' 같은 제목과 경합했다고도 해요.

그런데 저는 좀 더 직설적으로 내용을 설명하는 학문적 제목을 붙여보고 싶어요. '생태계 ESS 전략의 유전자적 수준에 대한 고찰' 정도로요. 이 책을 읽어본 분은 제가 말한 제목에 동감할 거예요. ESS는 '에볼루셔너릴리 스테이블 스트래티지 Evolutionarily stable strategy'로 진화적 안정화 전략이란 뜻인데, 이 책에서 계속 언급되는 말입니다.

유전자의 선택, 그러니까 개체들의 행동은 ESS에 따라 정해진다고 하지요. 하지만 만약 실제로 이 책의 제목이 이렇게 붙여졌다면 많은 대중이 도킨스를 모를 수도 있겠다는 생각이 드네요.

점점 현실화되어가는 멋지지만 소름 끼치는 세계

올더스 헉슬리 『멋진 신세계』

#트롤리의 딜레마   #자유 의지   #4차산업 혁명

『멋진 신세계』는 왜 멋지면서도 소름이 끼칠까?

얼마 전까지 책을 소개하는 방송 프로그램의 도서선정위원을 맡았는데요. 고전은 방대하고 두껍기까지 해서 작가들은 매번 도서를 선정하는 데 난항을 겪었습니다. 거기에다 고전의 시대적 배경과 오늘날 우리에게 의미하는 바까지 생각해서 한 시간 분량을 짜야 하니 도서관의 책들을 모두 털어 읽을 수도 없고 그때마다 저에게 자문했습니다. 작가들은 『1984』나 『동물농장』을 다루고 싶다면서 저에게 의견을 물어왔는데요, 저는 그 책들보다는 올더스 헉슬리의 『멋진 신세계』를 다루는 게 더 낫다고 추천했습니다. 그래서 방송 아이템이 바뀌었지요.

『멋진 신세계』는 단지 SF장르라는 이유로 저평가받는 책이어서 항상 안타까운 마음이 있었던 데다가 조지 오웰의 소설들은 자칫 정치적으로 해석되어 이용될 수 있기 때문에 방송 프로그램에서 다루기에는 조심할 여지가 있었어요.

작가들이 『1984』 같은 작품을 통해 미래 세계의 획일화된 모습이나 통제된 모습을 이야기하고 싶어 하는 것을 알았기에 그것보다 더 소름 끼치면서도 생각해볼 것이 많은 『멋진 신세계』가 적합해 보였습니다.

『멋진 신세계』가 소름 끼치는 이유는 『멋진 신세계』에서 그려내는 미래가 실제로 멋지게 보일 수도 있다는 사실 때문입니다. 『1984』는 두렵고 공포스러운 미래이기 때문에 읽으면서 경계하게 되지요. 반면 『멋진 신세계』는 새로운 세계의 통제자가 이 세계의 시스템을 설명하며 주인공에게 "이만하면 멋진 신세계 아닌가?"라고 물어보는데, 단번에 부정하기가 힘들어요. 일견 합리적인 부분도 분명히 있거든요.

기술로 인해 발전하는 세계를 그리면 유토피아적인 세계관이라고 하고, 기술로 인해 어두운 전망의 세계를 그리면 디스토피아적인 세계관이라고 하는데요, 『멋진 신세계』는 디스토피아적 세계관보다는 유토피아적 세계관에 더 가까워요. 우리가 여기서 주목해야 할 점은 이런 유토피아적 모습이 왜 소름 끼치냐는 건데요, 바로 여기에 인류 발전 방향의 중요한 변곡점이 있습니다. 그리고 그게 앞으로 우리가 생각할 핵심이고요.

4차산업 혁명 시대에 유효한 소설

올더스 헉슬리가 『멋진 신세계』를 발표한 것은 1932년입니다. 거의 100년에 가까운 시간이 흘렀는데 지금 우리에게 이 소설이 유효한 이유는 4차산업 혁명의 시대가 도래했기 때문입니다. 이 책이 발표될 때는 그저 꿈 같은 미래였지만, 이제는 이 책에서 이야기하는 과학기술들이 실현될 가능성이 눈에 보이기 시작하거든요.

『멋진 신세계』의 줄거리는 의외로 간단합니다. 문명화된 세계에 이단아인 야만인 존이 찾아오지만 적응하지 못하고 결국 자살하고 만다는 이야기입니다. 이 이야기가 전개되는 과정에 로맨스도 있는데요, 달콤하기보다는 비극적입니다. 『멋진 신세계』에서는 한 사람과만 연애해야 한다는 규칙이 없어요. 이 점이 존을 자살에 이르게 하는 원인 중 하나거든요. 존은 오직 레니나를 사랑하지만, 상대방인 레니나에게 이는 이해할 수 없는 집착일 뿐이죠. 『멋진 신세계』에서 연애는 친구를 사귀는 것과 비슷해서 여러 명의 친구와 얼마든지 사귈 수 있습니다. 어느 친구와는 조금 더 긴밀하고, 어느 친구와는 소원할 수 있지만, '친구를 나하고만 해야 한다'고 강요하는 것은 이해하기 힘든 일이거든요.

이야말로 멋진 신세계!

『멋진 신세계』의 설정은 파격을 넘어서 파괴적입니다. 우선 생물학적인 수정과 출산이라는 개념이 없어지고, 모든 아이들이 철저한 설계를 통해 공장에서 생산됩니다. 알파, 베타, 감마, 델타, 입실론이라는 계급과 아이들이 종사하기로 예정된 직업에 맞춰 그에 맞게 처음부터 신체 특성이 조절되어 태어나는데요. 예를 들어보면 화력발전소에서 일할 아이들은 열을 잘 견디게, 수조를 청소할 아이들은 물을 아주 좋아하게 만드는 식입니다. 그리고 조건반사와 수면 학습 프로그램을 통해 자신이 갖고 태어난 계급과 직업을 수행할 때 가장 만족하도록 학습되어서 길러집니다. 최하 계층인 입실론 계급은 주로 몸 쓰는 일을 하는데, 이에 맞게 설정되어서 최상층인 알파 계급이 하는 머리 쓰는 일을 맡기면 못 견디게 되는 거죠. 그래서 이 세계에서는 자신의 계급 말고 다른 계급을 넘보는 일이 없습니다.

주인공이 '야만인' 존이라고 했는데, 이때 야만인은 정글에

버려져서 고릴라 무리에서 큰 '타잔' 같은 사람을 의미하는 게 아니라, 이렇게 공장화되어서, 그러니까 치밀한 설계 아래 태어나지 않고 간혹 생기는 자연 수정으로 태어난 아이들을 말합니다. 그런 아이들은 이렇게 규격화된 세계에 끼어 넣을 수 없기 때문에 따로 보호구역을 만들어서 분리시켜버립니다.

설계된 아이들은 자신들이 특화된 직업에 종사할 때 가장 만족하니 문제될 게 없지만, 그래도 혹시 생겨날 우울감이나 불만족은 '소마'라는 일종의 중독성 없는 마약을 복용함으로써 완벽히 차단해버립니다. 그러니 누구나 만족하고 행복한 세상입니다.

이렇게 설정해서 아이들을 태어나게 함으로써 인간은 다음 세대를 위한 임신과 출산이라는 의무에서 벗어나고 부모가 될 필요가 없어집니다. 연애는 그야말로 유희가 되어버립니다. 한 사람과 결혼해서 가정을 꾸릴 필요가 없어지니, 누구나 마음에 드는 이성과 자유롭게 잠자리를 할 수 있어요. 한 번에 여러 명을 만나도 전혀 상관없고요. 오히려 이 사회에서는 한 사람하고만 만나고 잠자리를 하면 이상하거나 모자란 사람으로 봐요. 사랑이라는 개념이 없으니 집착도 없지요. 결혼이라는 제도가 없으니 고부 갈등 같은 것이 생길 이유가 없습니다. 무엇보다 가족에 대한 부양과 관계의 의무에서 벗어나게 되죠. 의무는 없고 즐길 수 있는 것들만 있는 세계예요.

플라톤의 이데아를 과학기술로 실현해낸 『멋진 신세계』

『멋진 신세계』의 비전은 그리스 시대로 거슬러 올라가 찾을 수 있습니다. 앞서 살펴보았던 플라톤의 『국가』를 다시 들여다보면, 『멋진 신세계』가 추구하는 비전과 놀랍도록 닮은 것을 느낄 수 있을 거예요.

플라톤은 『국가』에서 지배 계층의 혈통과 능력을 유지하기 위해 여자와 아이들을 공유하는 집단 양육 시스템을 제안했잖아요. 차이점이라면, 『멋진 신세계』에서는 그것을 지배 계급인 알파뿐만 아니라 피지배 계급인 입실론에게까지 다 적용시켜버린 정도입니다.

『국가』에서는 이데아에 대한 앎과 지향의 정도로 지배 계급이나 귀족, 평민, 노예 계급이 결정된다고 주장했어요. 『멋진 신세계』역시 그렇습니다. 다만 이데아가 아니라 유전자 조작이라는 과학기술을 동원해서 계급의 분리를 실현합니다. 최적화된 유전자를 가지고 태어나서 최적화된 교육을 받으면서 자란 사람들은 자신이 맡은 직분을 수행할 때 가장 잘하고 즐겁습니다. 플라톤의 직분론과 다를 바 없죠.

앞서 플라톤이 이성화된 시대에 이데아의 모방을 다시 모방하는 문학자들이나 화가들은 이성을 흐리게 하는 자들이라며 시인 추방론을 주장했다는 것을 말했었는데요. 그런데 『멋진 신세계』에는 문학이 없습니다. 주인공 존이 야만인 보호 구역에서 주워 읽은 셰익스피어를 아는 사람은 『멋진 신세계』에서 통제자 단 한 명밖에 없어요. 이 통제자가 셰익스피어를 없애버린 거죠.

『멋진 신세계』는 여러모로 볼 때 플라톤이 말하는 이데아가 실현된 국가의 모습을 그려내고 있습니다. 그러나 플라톤의 이데아 세계와 『멋진 신세계』에는 큰 차이가 존재하는데요, 바로 실현 가능성이에요. 플라톤은 이데아의 세계를 현실에 구현할 수 없다며, 그나마 비슷하게 모방하기 위해 철학자들이 나라를 다스려야 한다는 철인정치론을 주장하잖아요. 이 주장에는 이상적인 국가를 현실에 구현할 수 없다는 전제가 깔려 있죠. 하지만 『멋진 신세계』의 비전은 과학기술로 이상적인 세계를 달성하는 것입니다. 이 과학기술이 꿈같이 멀리 있는 것이 아니라 어느 정도 달성 가능해 보인다는 점이 지금의 우리를 소름 돋게 하는데요. 어쩌면 현실이 이렇게 되어도 나중에는 크게 이상하게 느끼지 않을 수 있다는 것 때문입니다.

올더스 헉슬리는 『멋진 신세계』에서 AFAfter Ford라고 해서 헨리 포드Henry Ford 기원으로 시간을 명시합니다. 이런 연도 계산 방식은 처음일 텐데요, 우리가 쓰는 연대 표기는 BC, AD죠. BC는 비포 크라이스트Before Christ의 약자로 예수 이전, AD는 라틴어 아노 도미니Anno Domini의 약자로 '그리스도의 해'라는 뜻입니다. 그러니까 지금의 역사는 예수 이후로 의미가 있기 때문에 예수 이후 몇 년, 이런 식으로 쓴다는 얘기예요. 예수 탄생을 인류사의 변곡점이 된 큰 기원으로 본다는 서양적인 시각이 AD라는 연호입니다.

반면 AF라는 말은 포드 이후라는 말인데요. 포드가 적어도 『멋진 신세계』의 세계관에서는 예수보다 더 중요한 인물이라는 것을 알 수 있지요. 실제로 "오 마이 갓Oh, my God"이라는 말을 『멋진 신세계』에서는 "오 마이 포드Oh, my Ford"라고 쓰고 있기도 했죠.

정확히 AF의 시작이 되는 연도는 포드가 T형 차를 처음 생산한 1908년입니다. T형 자동차를 생산하면서 포드는 대량생산 시스템인 컨베이어벨트를 산업에 처음 적용해요. 그러니까 『멋진 신세계』에서는 분업화 대량 생산 시스템인 컨베이어벨트 시스템이 인류사에 큰 획을 그었다고 생각하는 거죠. 『멋진 신세계』의 배경은 AF 632년이에요. 지금 연도로 따져보면 A.C. 2540년입니다. 그러니까 올더스 헉슬리는 지금으로부터 대략 500~600여 년 정도 미래에 이런 일이 일어날 수 있겠다고 생각한 셈인데, 최근 기술 발달 속도를 보면 지금부터 50~60년 후에도 어느 정도 가능하지 않을까 하는 생각이 드는군요.

트롤리의 딜레마

유전자 조작으로 인해 병도 없고 노화도 없고 갈등도 없고, 만족과 유희만 있는 세상이 『멋진 신세계』입니다. 불행의 여지가 하나도 없어요. 생각해보세요. 이야말로 정말 멋진 신세계가 아닐까요?

그래서 『멋진 신세계』는 자주 토론의 주제로 등장하는데요. 얘기를 들어보면 정말 멋진 세상입니다. 애초에 직업적 필요에 의해 설계된 대로 태어나기 때문에 실업이란 있을 수 없고 누구나 자신의 직업에 만족하죠. 애정이라는 개념이 없으니 인간 관계에서 문제가 생기지 않고요, 가족간의 문제 역시 없죠. 가족이 없으니까요.

이렇게 가족도 없고 연인도 없는 세계는 외로워야 정상일 것 같지만 외로움 역시 없습니다. 오히려 '만인은 만인을 위해 존재한다'는 명제를 지키며 살기 때문에 사람들은 서로 연결되어 있고, 누구와도 잠자리를 하며 외로워하지 않습니다.

다시 한 번 봐도 멋진 신세계인데 이게 왜 문제가 되는 걸까요? '트롤리의 딜레마'라는 것이 있어요. 영국의 윤리철학자 필리파 푸트레이크가 고안한 사고 실험인데요, 마이클 샌델의 『정의란 무엇인가』에도 소개된 문제입니다.

고장 난 트롤리 기차가 달리고 있고 레일 위에는 다섯 명의 인부가 일하고 있습니다. 이대로 기차가 달리면 그 다섯 명은 모두 목숨을 잃게 되는데요, 레일 변환기로 레일을 변환하면 열차는 방향을 바꿔 이들 모두 살게 됩니다. 문제는 변환된 레일 위에 있던 한 명의 인부가 죽게 된다는 거예요.

실험 결과, "레일을 변환할 수 있는 권리가 당신에게 있다면 이럴 경우 당신은 레일을 변환하겠습니까?"라는 질문을 했을 때 응답자의 89퍼센트는 "방향을 바꾸어야 한다"고 응답했습니다. 다수를 위해 소수를 희생할 수 있다고 생각한 것이죠.

이번에는 문제를 조금 다르게 내보죠. 이건 필리파의 실험에 미국 도덕 철학자인 주디스 톰슨이 덧붙인 사고 실험입니다.

당신의 위치를 다리로 올립니다. 고장 난 트롤리 기차가 다가오고 있는데, 다섯 명의 인부가 그 앞에 있어요.(제발 이 다섯 명 인부가 앞으로는 주위를 좀 살펴보고 일했으면 좋겠네요) 당신 옆에 있는 뚱뚱한 사람을 떨어뜨려서 기차를 막으면 이 다섯 명은 살 수 있습니다. 당신은 몸무게가 적게 나가 당신이 스스로를 희생해도 기차는 멈추지 않습니다.

실험 결과, "당신은 이 뚱뚱한 사람을 밀어 떨어뜨리겠습니까?"라는 질문에 그래서는 안 된다고 대답한 사람은 응답자의 78퍼센트였습니다. 다수를 위해 한 명의 소수를 희생하면 안 된다는 얘기예요.

비슷한 문제에서 완전히 반대되는 답이 나왔죠. 그래서 트롤리의 딜레마입니다.

딜레마라는 것은 인간에게 선택권이 있어서 빠지게 되는 거 잖아요. 어려운 문제이지만 선택해야 하는 것이니까요. 그런데 이것을 아예 기계적으로 바꿔버려서 딜레마에 빠질 것도 없이 그냥 정해져 있다면 어떨까요? 한편으로는 고민스럽지 않아서 좋을 것도 같지만 비인간적이기도 합니다. 그게 바로 『멋진 신세계』의 딜레마입니다. 합리적이고 멋져 보이지만 그 안에는 인간의 결정, 자유의지가 전혀 들어 있지 않습니다.

인간의 자유의지를 알고리즘으로 대체하는 시대의 도래

이 사고 실험이 고안될 때만 해도 트롤리의 딜레마는 인간의 판단이 정확하지 않다는 것 정도를 보여주려고 했는지도 모르겠습니다. 하지만 이제는 실제로 그 선택을 해야 할 시기가 다가오고 있습니다.

과학기술의 발전으로 자율주행 시스템이 성큼성큼 현실화되고 있는데요. 물론 드문 상황이지만 왼쪽으로 핸들을 꺾으면 다섯 명이 죽고, 오른쪽으로 꺾으면 한 명이 죽는 상황에서 어떤 선택을 내릴지 자율주행차가 인간에게 그때그때 물어볼 수는 없습니다. 그 정도 시간이 있다면 극한 상황이 아닐 테니까요. 그러니 이에 대한 판단이 알고리즘 형태로 자율주행 시스템 안에 내장되어 있어야 합니다.

이 상황보다 조금 더 현실적인 상황을 예로 들어볼까요? 갑자기 건널목에서 유모차에 탄 아이와 엄마가 튀어나와 피해야 되는 상황이 발생했습니다. 이때 핸들을 꺾으면 운전자가 나무에 부딪쳐서 죽게 됩니다. 이에 대한 선택 역시 자율주행 시스템 안에 내장되어 있어야 합니다. 아마도 기계라면 운전자를 보호하는 방향으로 설계되겠죠. 하지만 이런 상황에서 인간은 자유의지로 자신의 희생을 택하는 경우도 있습니다.

자율주행 시스템에는 이런 인간의 의지가 들어가지 않고 자동적으로 모든 것이 판단되고 진행됩니다. 찰나의 순간에 갑자기 "어떤 선택을 하시겠습니까?" 하고 물어볼 수는 없으니까요. 기계는 효율적인 대응을 위해 판단의 기준이 되는 알고리즘을 정해둡니다.

기계화되고 시스템화되어가는 사회에서 인간의 자유의지는 점점 상실되어가고 있습니다. 기계의 알고리즘에 인간의 의지를 넣을 수는 없는 일이니까요. 인간의 자유의지를 알고리즘으로 대체하는 건 과연 합리적인 선택일까요?

과학기술에 자유의지를 반납하고 있는 인간

플라톤이 활동하던 당시는 인간의 개별성을 존중하기보다는 타고난 계급, 신분의 유지, 사회의 안정, 지배자의 명분 같은 것이 중요한 때였기 때문에 이런 비전의 세계를 창조할 수 있었습니다. 하지만 그 후 인류의 역사는 신이나 왕에게 내주었던 주권을 찾아서 개별 인간들에게 주는 방향으로 흘러왔습니다. 인간의 개별성을 살리고 그것을 존중해주는 방향이었죠.

그런데 이제 인간은 기술 발전이라는 시대를 경험하면서 다시 획일화의 길로 가고 있습니다. 지금까지의 역사가 인간의 자유의지와 권리를 찾아오는 것이었는데, 이제는 찾아온 자유의지를 기술과 시스템에 다시 내어주고 있는 상황인 거죠. 일상에서 발휘하지 못하는 자유의지는 게임 같은 가상현실에서나 발산하고 현실은 알고리즘이라는 효율성을 앞세워 자유의지를 통제하는 길로 가고 있습니다.

유튜브 같은 뉴미디어만 봐도 알고리즘을 통한 추천 시스템은 사용자가 다른 것을 찾아보지 않고 추천하는 것만 보게 합니다. 효율적인 추천이라는 명분으로 사용자의 정보를 통제하는 거나 마찬가지입니다. 개인의 취향을 존중하는 방법이라고는 하지만, 같은 정보와 콘텐츠만 보다 보면 처음 형성된 취향은 절대 바뀔 여지가 없어요.

조금 더 생각해보면 우리의 취향은 그 알고리즘을 조작하는 빅 브라더의 생각대로 흘러갈 수밖에 없습니다. 『1984』의 미래와 다를 바가 없죠. 이런 조작 기술이 실제로 실현될 여지가 있고, 어느 정도 실현되고 있다는 점은 정말 소름 끼치는 일이 아닐 수 없습니다. 인간이 몇천 년간 투쟁 끝에 어렵게 찾아온 개별성이라고도 부르는 자유의지를 반납하는 행위이니까요.

눈앞으로 다가온 『멋진 신세계』

여러분은 어떤가요? 이런 세계가 매력적으로 느껴지나요? 사실 우리의 선택과는 별개로 이런 세계는 점점 눈앞으로 다가오고 있습니다. 유발 하라리는 『사피엔스』에서 "앞으로 100년 안에 인간은 신이 된다"고 선언했습니다. 과학기술의 발달이 인간의 수명까지 연장시켜 죽지 않는 인간이 탄생한다는 겁니다.

『멋진 신세계』에서는 아이를 공장에서 생산한다는 사실만으로도 인간이 살아가면서 해야 할 많은 의무와 책임들이 없어지거나 바뀌었습니다. 그런데 아예 죽지 않는 인간이라뇨? 그렇게 되면 인간의 역할과 의무가 얼마나 많이 바뀔지 짐작조차 되지 않습니다.

일본 애니메이션 〈은하철도 999〉는 기계인간이 됨으로써 영생을 얻을 수 있는 세계를 배경으로 하는데요, 주인공인 철이와 그를 도와주는 메텔은 기계인간으로 만들어주는 행성에 가기 위해 은하철도 999에 몸을 싣습니다. 이 은하철도가 행성마다 정차하며 그 행성들의 모습과 상황들을 보여주는데, 철학적 화두를 던지는 내용들이 많아서 무려 30년 전 작품이지만 〈은하철도 999〉는 지금까지도 걸작으로 회자됩니다. 여기에 주목할 만한 장면이 나오는데요. 영생을 누리게 된 사람들은 인생이 너무 심심하고 재미없습니다. 그래서 심심풀이로 인간 사냥을 하는 등 반인륜적 행위를 서슴없이 저질러요.

이렇게까지 무시무시하지는 않지만 우리 사회에서도 과학기술이 발전하면서 과거 인간의 한계에 선을 그었던 여러 가지 원칙이나 윤리, 인륜을 넘어서는 일들이 종종 일어나고 있습니다. 안락사 문제라든가 화학적 거세 같은 일들은 사회적 논란이 되고 있습니다. 안락사를 허용하는 국가와 주가 생겨나면서 이러한 문제들은 점점 우리 앞으로 현실적으로 다가오고 있는데요. 결코 머나먼 얘기가 아닙니다.

과학기술의 발달과 그것을 이용해 인간의 수명을 연장한다든가, 인간의 한계를 지워 나가는 노력들은 시간이 흐를수록 심화되고 결국 언젠가는 현실이 될 거예요. 게다가 지수함수적으로 발전의 속도는 더욱 빨라지고 있죠.

이런 세계에서 인간은 어떤 모습이어야 할까요? 그리고 인간다움이란 어떤 것일까요? 무려 100여 년 전에『멋진 신세계』에서 올더스 헉슬리가 제시한 이 문제는 아직도 유효합니다. 아니 오히려 이제야 유효하다고 하는 게 맞을 것 같네요.

'멋진 신세계Brave new world'의 출처

대부분의 사람들은 『멋진 신세계』를 읽으면서 인간다운 삶이 아니라고 생각할 것입니다. 올더스 헉슬리가 이 소설을 통해서 의도한 바도 다르지 않은데요. 이 책의 제목인 '멋진 신세계'의 출처에서 그의 생각을 엿볼 수 있어요. '멋진 신세계'라는 제목은 셰익스피어의 소설 『템페스트』에서 차용한 겁니다.

『템페스트』는 밀라노의 대공 프로스페로가 그의 동생과 나폴리의 왕 알론조의 음모에 의해 딸인 미란다와 함께 오랫동안 섬으로 추방당하는데, 거기서 마법의 힘을 얻게 되어 복수하는 이야기입니다. 프로스페로는 섬 근처를 지나가는 알론조 일행을 발견하고 폭풍을 일으키는데, 그 과정에서 알론조는 아들 퍼디난드와 헤어지게 되죠. 이 소설은 퍼디난드와 미란다가 사랑에 빠지면서 결말을 맺는데요. 원수들도 서로 용서하며 끝나는 해피엔딩 줄거리입니다.

이 작품에서 프로스페로는 죽은 줄 알았던 퍼디난드와 미란다가 동굴 안에 있음을 알론조 일행에게 보여주는데, 동굴 안에 있던 미란다가 사람들을 보면서 하는 대사가 바로 "인간은 정말로 아름답구나. 오 멋진 신세계여!How beauteous mankind is! O brave new world"입니다.

섬에서 살아서 많은 사람을 보지 못한 미란다의 순진함을 보여주는 말이죠. 하지만 그 인간들은 사실 프로스페로와 그의 딸을 이 황량한 섬으로 쫓아낸 장본인들입니다. 그러니 여기서 쓰인 '멋진 신세계'라는 말은 반어적 표현입니다. 올더스 헉슬리 역시 이 제목을 아주 반어적으로 쓰고 있어요. '이 따위 세계가 멋질 리가 없잖아' 정도의 의미라고 봐야 합니다.

코스모스가
이 책의 마지막 장인 이유

칼 세이건 『코스모스』

#우주의 질서   #인류의 미래

우주적인 크기와 시간

얼마 전 책에서 2003 UB313이라는 천체가 명왕성 바깥쪽에 있는데 명왕성보다 세 배 정도 더 떨어져 있다는 구절을 읽고 호기심이 일어서 정보를 더 찾아보았습니다. 2006년 처음 발견된 이 행성은 이때까지만 해도 명왕성이 당당히 태양계 행성의 일원이었기 때문에 자연스레 태양의 열 번째 행성이 되어야 한다는 주장이 제기되었다고 해요.

하지만 2006년 8월 유럽의 천문학사들이 주축이 된 국제천문연맹은 행성 중 유일하게 미국인에 의해 발견된 명왕성의 지위를 박탈하기로 결정합니다. 그러면서 자연스럽게 2003 UB313 역시 명왕성과 함께 왜행성dwarf planet으로 분류되었어요. 이 왜행성은 불화의 여신의 이름을 따서 '에리스'라고 명명되었습니다.

기가 막힌 것은 이 왜행성의 태양 공전 주기가 560년이라는 겁니다. 그러니까 에리스 기준으로 4년 전이면 지구에서는 예수 이전의 시대로, 그리스의 철학자를 만날 수 있는 시간이죠. 에리스의 1년은 우리나라 조선 왕조의 역사보다 깁니다. 그러고 보면 우주적 시간 앞에서 인간은 참 하찮은 존재 같다는 생각이 들어요.

이런 생각을 강하게 느낄 수 있게 하는 책이 바로 칼 세이건의 『코스모스』입니다. 지금까지 논의한 모든 책이 결국 '인간'에 대한 관심을 다루고 있었는데요, 이런 인간의 관심은 티끌 같은 이야기에 불과하게 느껴질 정도로 거시적인 관점을 넘어서 우주적인 관점을 제시한 책입니다. 이 책을 읽고 있으면 마치 우주를 산책하는 느낌이라 뒤로 갈수록 우주의 광대함에 비해 인간의 하찮음이 뼈저리게 느껴져요. 그런데 그 느낌이 나쁘지만은 않아요. 비행기에서 창 밖으로 아래를 내려다보면 아웅다웅하는 인간들이 덧없이 느껴지고 뭔가 초월적인 감정이 느껴질 때가 있잖아요. 비싼 비행기 표를 사지 않아도 이 책에 탑승하고 나면 이런 느낌을 받을 수 있어요.

소주제를 따라가다 우주의 산책길을 놓쳐버리다

『코스모스』를 다 읽은 느낌을 한마디로 표현하면 '우주의 정원으로 난 산책로' 정도로 표현할 수 있을 것 같아요. 칼 세이건의 안내에 따라 행성에 다다르거나 은하 저 멀리 시선을 두면 광대한 우주가 펼쳐지거든요. 과학이라는 망원경에 관찰과 추론이라는 두 필터를 끼우고 바라본 우주는 그야말로 천문학적인 시간과 공간입니다. 책을 읽고 있으면 어느샌가 정말 우주를 유영하는 느낌이 들 정도로 몰입감이 상당합니다.

『코스모스』는 주제가 명확한 책입니다. '우주라는 광대함 앞에서 인간의 갈등과 투쟁은 하찮을 뿐이니 힘을 합해 우주에 관심을 기울이고 탐험해보자' 정도라고 할 수 있어요.

이렇게 주제가 명확함에도 불구하고 많은 사람이 완독하기 어려운 책으로 드는 가장 큰 이유는 이 책이 지나치게 많은 이야기를 담고 있기 때문일 겁니다. 다른 분야의 과학, 과학자에 대한 이야기, 그리고 본론 같은 것들이 섞여 있어서 얘기하고자 하는 바에 도달하려면 인내심을 갖고 앞에 놓인 서론 격의 이야기들을 읽어야 해요. 그런데 얼핏 읽으면 이 얘기 했다가 저 얘기 했다가 하는 것처럼 산만해 보이거든요. 중심을 잡지 못해 기둥 줄기를 놓치면 부분 부분은 재미있게 읽히는데, 끝까지 완독하는 것은 쉽지 않습니다. 『코스모스』는 각 장의 핵심 이야기는 무엇이며 그 핵심 이야기가 어떤 식으로 이어지는가를 의식적으로 생각하고 읽지 않으면 재미에 비해 의외로 읽기 어려운 책입니다.

예를 들어 5장인 〈붉은 행성을 위한 블루스〉는 화성에 대한 이야기인데, 처음에는 수메르 신화의 한 구절을 인용해 재미있는 이야기를 소개하고, 『우주전쟁』이라는 문학작품을 이야기합니다. 그리고 퍼시벌 로웰이라는 과학자의 전기적 사실이 등장한 뒤에야 화성 이야기가 시작됩니다. 그러니까 화성 이야기가 본격적으로 나오기까지 서론이 긴 편인데요, 이걸 다 읽고 드디어 화성 이야기에 도달해도 좀 헷갈립니다.

5장의 주 내용은 화성에 대한 분석과 소개인데요, 소주제가 하나 있습니다. '과연 화성에 생물체가 존재할까?'라는 의문이에요. 장마다 이런 소주제가 조금씩 달라지는데, 이 소주제들은 우주의 모습을 우리의 머릿속에 그려내는 데 보조적인 역할을 할 뿐이지 핵심은 아니거든요. 이 소주제에 매몰되다 보면 본 산책로에서 멀어지고 울창한 관목 숲에서 길을 잃게 됩니다. 결국 5장을 읽고도 무슨 이야기인지 정리해보려고 하면 하나의 상이 잘 안 잡히게 되는 일이 발생하는 것이지요.

그래서 더더욱 제가 지금부터 정리해 드리는 가이드에 따라 읽어볼 필요가 있어요. 1장부터 시작해볼까요?

『코스모스』를 관통하는 여행

1장에서는 인류가 우주를 변화시키기 위해서 나왔다고 하며 과학자로서의 탐구 정신을 드러냅니다. 이 책의 서장이니까요.

2장에서는 지구의 생명체는 지구라는 환경에 맞춰서 탄생했다는 것을 보여주면서, 외계에는 반드시 생명체가 있을 것이며 그 생명체의 모습은 우리의 상상 범주 밖에 있을 것이라고 말합니다. 얼마 전 유명을 달리한 고 스티븐 호킹 박사도 유작에서 외계 생명체의 존재를 예측한 바가 있습니다.

3장에서는 본격적으로 우주로 나가기 전에 지구에서 천문학 역사를 훑는 장이라고 할 수 있는데요, 천문학사에서 대표적인 두 인물 요하네스 케플러와 아이작 뉴턴을 자세하게 소개해요. 이 두 사람은 지상뿐 아니라 우주까지도 비교적 단순한 수학법칙이 적용되는 것을 밝혀 인간의 인식 범위 안에서 우주를 이해하려는 시도의 원류가 되는 셈입니다.

4장부터는 본격적으로 우주로 나아갑니다. 4장의 제목은 〈천국과 지옥〉인데요, 우선 혜성을 이야기해요. 혜성과 충돌하면 지옥으로 변하겠죠. 지구에 지름이 수 킬로미터 이상인 혜성이 충돌하면 성층권에 부딪치면서 산포된 입자가 대량 유입되어 태양광을 차단하고 범지구적 냉각이 야기됩니다. 아카데미 감독상을 탄 봉준호 감독의 첫 번째 할리우드 진출작이 빙하기가 찾아온 지구에서 유일하게 움직이는 열차 이야기, 〈설국열차〉였는데요. 바로 이 영화가 현실이 되는 거죠. 그런데 어떤 혜성들은 지름이 수십 킬로미터에 이른다니, 이런 혜성과 지구가 충돌할 때의 모습을 지옥이라고 부르는 것은 충분히 설득력 있는 이야기입니다.

그리고 금성을 덧붙입니다. 금성의 온도는 섭씨 480도이고 기압은 지구 대기압의 90배이며 각종 맹독성 기체로 가득 차 있습니다. 혜성이 떨어져서 생긴 충격 따위와는 비할 바도 아닌 그야말로 지옥도인 셈이죠. 그런 면에서 지구의 환경에 맞게 진화한 지구 생명체에게 지구는 그야말로 천국이라고 이야기합니다.

5장은 앞서 살펴보았던 것처럼 화성에 대한 이야기고요, 6장은 보이저 우주탐사선 이야기를 하면서 크리스티안 하위헌스라는 천문학자를 소개해요. 지동설을 지지함은 물론 외계 생명체의 존재까지도 이야기한 사람인데요. 이 사람과 동행해서 다다르는 행성이 바로 목성입니다. 목성은 별이 되려다 실패한 비운의 행성인데요, 내부는 액체 수소의 바다일 것으로 예상돼요. 그리고 목성과 거의 비슷하지만 약간 작은 토성으로 건너갑니다. 토성의 고리는 미세 입자들이 엉겨붙어 큰 천체로 성장하는 과정을 보여준다고 설명합니다.

여기까지 우리 태양계에 대한 관심을 표방했다면, 이어지는 장부터 칼 세이건은 태양계를 넘어 광활한 은하 저 끝으로 시선을 넓힙니다. 이 책의 제목을 우주를 뜻하는 '유니버스Universe'라고 하지 않고 우주의 질서를 뜻하는 카오스Chaos의 반대편에 있는 '코스모스Cosmos'라고 한 것은 단순한 과학 서적 이상의 의미를 가졌다는 것을 보여줍니다. 7장 이후부터는 확실하게 그런 면을 느낄 수 있어요.

7장에서는 고대인들이 은하수를 대했던 자세를 설명하며 고대 그리스인들로부터 중세 근대를 거쳐오며 우주를 이해하는 인류의 방식을 기술합니다. 여기서 코스모스라는 개념을 설명하는데요. 우주를 아름다운 조화가 있는 전체, 코스모스로 보는 거예요. 얼핏 이 장이 제일 앞에 있어야 하는 게 아닌가 싶기도 한데, 칼 세이건이 이 책을 쓸 때 부를 나누지는 않았지만 내용적으로 태양계와 태양계 너머로 나눴기 때문에 7장부터 은하수에 대한 탐구가 들어간 게 아닌가 싶어요.

8장 〈시간과 공간을 가로지르는 여행〉에서는 제목에 걸맞게 알버트 아인슈타인을 소개합니다. 그리고 빛의 속도로 이루어지는 우주여행에 대해서 이야기하죠. 광속에 거의 근접한 속도로 비행을 하면 우주를 한 바퀴 도는 데 56년이 걸린다고 합니다. 하지만 이는 우주선 안에 있는 사람에게 느껴지는 시간이고, 실제로는 수백억 년에 해당하는 시간이라고 하죠.

9장은 〈별들의 삶과 죽음〉인데요, 수소 핵융합 반응으로 태양 같은 별이 탄생하고, 시간이 흐르면서 이것의 크기가 점점 커져서 적색거성이 되는데 이렇게 되면 지구도 태양 안으로 들어갈 정도가 되죠. 하지만 걱정할 필요 없어요. 지금부터 수십억 년 뒤에나 벌어질 일이라고 하니까요. 그러고도 충분한 시간이 흐르면 별이 식기 시작하며 결국 차가운 흑색왜성이 되어서 사라지는데요, 이건 더 걱정할 것 없습니다. 태양의 경우 흑색왜성이 되는데 걸리는 시간은 1000조 년이라고 하니까요. 하지만 이런 별의 진화 반응들이 급격하게 이루어지는 경우가 종종 있는데요, 그렇게 되면 결국 별이 폭발하게 되죠. 그것을 초신성이라고 불러요. 케플러의 스승이자 위대한 천문학자인 티코 브라헤가 한 낮에 반짝이는 별을 보았다는 기록이 나오는데, 이렇게 한낮에도 보이는 별이 바로 폭발한 별의 흔적, 초신성입니다. 이 장에는 시적인 표현이 등장하는데 "우리는 모두 별들의 자녀"라는 문장입니다. 우리를 구성하는 물질 등이 원자적 수준에서는 오랜 옛날 은하 어딘가의 적색거성에서 만들어졌기 때문이라는데요, 그러니까 이 책을 읽고 있는 여러분은 모두 별의 아이인 셈입니다.

10장 〈영원의 벼랑 끝은 대폭발, 빅뱅〉에 대한 이야기예요. 우주는 한때 변화가 없는 안정적이고 완벽한 공간이라고 생각했는데, 도플러 효과로 인해 발견된 우주는 팽창 중이었습니다. 도플러 효과는 전자기파를 방출하는 물체가 관측자에게 다가올 때는 관측되는 전자기파의 파장이 짧아지고, 그 물체가 관측자로부터 멀어질 때는 관측되는 전자기파의 파장이 길어지는 현상입니다. 가시광 영역에서 파장이 짧아지면 푸른색으로 보이고 파장이 길어지면 빨간색으로 보이는데, 우주가 빨간색으로 관찰된 거예요. 적색편이라고 하죠. 이건 우주가 멀어지고 있다는 얘기거든요. 여기서 칼 세이건은 스스로 멋진 아이디어라고 칭하는 제안을 하는데, 우주는 계층 구조가 아닐까 한다는 생각을 내비칩니다. 전자 같은 소립자도 그 자체로 하나의 은하고, 우리의 은하도 한 단계 위쪽 계층에서 보면 하나의 소립자에 불과하다는 거예요. 영화 〈맨 인 블랙〉에서 주인공들이 은하를 찾아 헤매는데 알고 보니 하나의 은하가 목걸이 정도 크기였다는 반전이 있었다는 게 기억나는 대목입니다.

11장 〈미래로 띄운 편지〉는 보이저 호에 인간에 대한 정보를 담아 우주로 띄어 보냈다는 이야기와 지구에서 발생하는 전파가 앞으로 수백 년 후에는 생명체가 살 가능성이 있는 공간에 다다를 거라는 이야기입니다.

12장 〈은하대백과사전〉에서는 고등 문명의 개수를 추정하는 식을 소개하며 계산해본 결과 우리 은하수 은하에 존재하는 문명사회의 수효가 적어도 수백만 개에 이른다고 합니다. 그리고 이들 사이의 거리는 평균 200광년이라고도 해요. 200광년은 빛의 속도로 200년을 달려야 하는 거잖아요.

그런데 지구에서 무선통신법이 발명된 것이 1895~1896년 굴리엘모 마르코니에 의해서거든요. 그러니까 라디오 단파를 통해 외계 생명이 지구에 무언가 자연적이지 않은 신호가 있다는 것을 감지하려면 라디오 단파가 빛의 속도로 달려도 200년은 필요한데, 그 라디오 단파가 만들어지고 사용된 것이 200년이 안 되거든요. 그러니 지구의 라디오 단파가 아직 고등 문명의 행성에 도착하지 못해 생명의 신호를 포착하지 못했을 거라고 하죠.

13장 〈누가 우리를 대변해줄까?〉는 어떻게 보면 좀 동떨어진 듯 보이면서도, 주제에 가까운 장인데요. 1조 개의 별들을 거느린 1조 개의 은하들 가운데 인간의 존재와 인간의 시간은 그야말로 미미하다고 말합니다. 다시 보면 광막한 코스모스의 바다 속에 놓인 새로운 세상과 가능성이 우리를 기다리고 있는 것이기도 한데요. 그럼에도 인간은 전쟁과 불신 같은 소모적인 일에 훨씬 많은 시간과 노력을 쏟고 있습니다.

칼 세이건은 『코스모스』라는 우주 과학 서사시를 통해 오늘날 인류를 있게 한 코스모스에 감사한 마음을 가져야 한다는 메시지와 우주적으로 생각하면 인간은 멸종 위기종과 다름없으니 서로를 사랑해야 한다는 메시지를 전합니다.

우주를 산책하기

제가 이렇게 세세하게 장을 정리하는 이유는 그만큼 읽기 어려운 책이기 때문입니다. 그리고 또 하나, 이 책만큼은 많은 분들이 직접 읽어보았으면 하는 바람이 있기 때문이에요.

저는 이 책의 마지막 장을 커피숍에서 다 읽었는데요. 책을 덮는 순간 지구에 살짝 내려앉는 느낌을 받았어요. 책을 읽는 동안 실제 우주를 유영하는 느낌이 들 정도로 몰입감이 대단했습니다. 우주적 시간과 공간을 상상하며 책을 읽다 보니 뭔가 대인배가 된 것 같은 마음도 들더라고요. 시간이 되면, 아니 시간을 내어 꼭 한 번 읽어볼 만한 책입니다.

많은 이가 이 책을 읽은 후 깨달음을 얻었다고 하는데요, 그 포인트는 과학 서적임에도 불구하고 무소유를 생각하도록 만들기 때문입니다. 인생이라는 커다란 시각에서 볼 때 아등바등하는 것이 무슨 필요냐는 거죠. 우주적 시간과 공간 앞에서 인간의 문제는 그야말로 파리 발톱의 때만큼도 안 된다는 것을 알게 돼요. 1조 개의 은하 가운데 하나인 우리 은하에 있는 1조 개의 별들 중 고등생명이 있을 가능성이 있는 별만 수백만 개! 내 앞의 좁은 시야만 보고 살았던 우리로선 상상할 수도 없었던 세계입니다. 영화에서나 나올 법한 장면이니까요. 〈스타워즈〉나 〈가디언즈 오브 갤럭시〉에서 우주의 수많은 종족들이 교류하는 장면이 떠오릅니다. 이 책은 과학책이지만, 우주에 대한 경외심을 노래하는 시같이 느껴집니다. 역시 인문학을 배운 과학자답네요.

『코스모스』가 이 책의 마지막인 이유

지금까지 인류의 사회 발전사를 더듬어봤습니다. 신과 왕에게서 주권을 찾아와 개인들이 자신의 목소리를 내는 근대에 와닿지요. 그리고 주권을 지키기 위해 서로 계약을 맺고, 원칙과 법을 만들어 현대라는 사회에 다다랐는데요, 갑자기 우주로 튀는 듯한 『코스모스』가 마지막 장으로 나온다는 게 이질적이게 느껴지는 분도 있을 거예요.

하지만 『코스모스』가 전하는 메시지를 알면 이 책의 마지막으로 아주 적당하다는 생각이 들 거예요. 『코스모스』는 과학을 설명하지만 이를 통해 전달하려는 바는 과학적 지식이 아니라 인류애입니다. 압도적인 우주의 크기와 영원과 맞먹는 우주적 시간에 비교해보면 인간의 욕심이나 다툼 같은 것은 우습기 짝이 없는 것이니 아웅다웅 다투지 말고 서로 사랑하고 아껴주며 평화롭게 지내자는 것이 이 책의 핵심 메시지입니다.

만인의 만인에 대한 투쟁 상태를 해소하기 위해 법을 정하고 원칙을 정했다고는 하지만 근본적으로 다른 사람을 대하는 것 자체는 바뀌지 않잖아요. 서로 견제하고 경쟁하는 관계가 바로 인간의 사회적 활동입니다. 이런 관계에 정신적으로 지치고 견디지 못해서 때로는 아예 탈락하는 사람도 생깁니다. 앞서 한 번 언급한 에밀 뒤르켐의 『자살론』에서는 자살의 원인을 타고난 유전자나 우울증 같은 정신적인 요인에서 찾지 않았습니다. 어려움을 당했을 때 그것을 품어줄 사회적 관계가 형성되지 않을 때 자살로 이어진다고 진단했지요.

결국 우리에게 근본적으로 필요한 건 법도 원칙도 아닌 인간에 대한 사랑을 전제로 한 관용과 포용의 마음 아닐까요? 인간은 개인의 욕심을 우선시하는 이기적인 존재이기도 하지만, 때로는 타인을 위해 손해를 감수하고 희생하는 이타적인 존재이기도 하잖아요. 이런 부분이 일깨워진다면 법과 그에 따른 처벌에만 의지하는 사회보다 훨씬 더 살 만한 사회가 될 거예요.

그래서 『코스모스』는 인류의 사회 구성을 따라온 우리 책의 대장정에 마침표를 찍는 데 사회 전체를 아우르는 교훈을 주는 한편 새로운 시작을 알리는 책으로서 부족함이 없습니다. 다른 인류로의 진화와 우주 진출을 눈앞에 두고 있는 지금 이 시대에 인류는 새로운 출발선 위에 서 있으니까요.

지식 편의점과 함께한 인류사의 여정은 어떠셨나요?

　저는 거시적인 인류사의 흐름을 따라가다 보니, 그런 역사를 만든 인간의 개별적인 이야기를 더 하지 못해 조금 아쉬웠습니다. 결국 우리의 사회는 사람의 이야기고, 사람에 대한 이야기고, 그리고 사람을 위한 이야기니까 말이죠.

　그래서 바로 또 다른 여정을 떠나려고 합니다. 사회와 역사를 만드는 사람, 그 사람이 성장하고, 사랑하고, 살아가는 이야기를 배달해 드리려고 해요. 그러면 이번 편에서 많이 다루지 못한 고전 문학을 조금 더 살펴볼 수도 있을 것 같네요.

『지적인 현대인을 위한 지식 편의점: 성장하는 인간 편』 택배를 기다리는 설레는 마음으로 기다려주실 거죠?

참고한 책

『과학혁명의 구조』 토머스 쿤

『관자』 관중

『국가』 플라톤

『국부론』 애덤 스미스

『군주론』 니콜로 마키아벨리

『그리스·로마 신화』 토머스 불핀치

『노동의 종말』 제러미 리프킨

『논어』 공자

『단기고사』 대야발

『돈으로 살 수 없는 것들』 마이클 샌델

『동물농장』 조지 오웰

『로마사 논고』 니콜로 마키아벨리

『로빈슨 크루소』 대니얼 디포

『리바이어던』 토머스 홉스

『멋진 신세계』 올더스 헉슬리

『법의 정신』 몽테스키외

『보물섬』 로버트 루이스 스티븐슨

『사피엔스』 유발 하라리

『사회계약론』 장 자크 루소

『삼국유사』 일연

『삼총사』 알렉상드르 뒤마

『셜록 홈스』 아서 코난 도일

『소크라테스의 변명』 플라톤

『시민 불복종』 헨리 데이비드 소로

『시학』 아리스토텔레스

『에밀』 장 자크 루소

『역사』 헤로도토스

『역사란 무엇인가』 E. H. 카

『월든』 헨리 데이비드 소로

『이기적 유전자』 리처드 도킨스

『자본가의 탄생』 그레그 스타인메츠

『자살론』 에밀 뒤르켐

『자유론』 존 스튜어트 밀

『장미의 이름』 움베르토 에코

『제3의 물결』 앨빈 토플러

『종교적 경험의 다양성』 윌리엄 제임스

『종의 기원』 찰스 다윈

『총, 균, 쇠』 재레드 다이아몬드

『코스모스』 칼 세이건

『템페스트』 윌리엄 셰익스피어

『톰 아저씨의 오두막』 해리엇 비처 스토

『파우스트』 요한 볼프강 폰 괴테

『페스트』 알베르 카뮈

『프랑켄슈타인』 메리 셸리

『프로테스탄트 윤리와 자본주의 정신』 막스 베버

『해리 포터』 J. K. 롤링

『허클베리 핀의 모험』 마크 트웨인

『1984』 조지 오웰

지적인 현대인을 위한
지식 편의점
인문 ◆ 생각하는 인간 편

초판 1쇄 발행 2020년 7월 1일
초판 6쇄 발행 2022년 5월 18일

지은이 이시한
펴낸이 유정연

이사 김귀분
기획편집 신성식 조현주 심설아 유리슬아 이가람 서옥수 **디자인** 안수진 기경란
마케팅 이승헌 반지영 박중혁 김예은 **제작** 임정호 **경영지원** 박소영 **교정교열** 허지혜

펴낸곳 흐름출판(주) **출판등록** 제313-2003-199호(2003년 5월 28일)
주소 서울시 마포구 월드컵북로5길 48-9(서교동)
전화 (02)325-4944 **팩스** (02)325-4945 **이메일** book@hbooks.co.kr
홈페이지 http://www.hbooks.co.kr **블로그** blog.naver.com/nextwave7
출력·인쇄·제본 (주)상지사 **용지** 월드페이퍼(주) **후가공** (주)이지앤비(특허 제10-1081185호)

ISBN 978-89-6596-385-1 03100